Nancy Leigh DeMoss
Zerbruch
Neu belebt von Gott

AF288530

Du herrlicher und heiliger Herr, sanftmütig und demutsvoll,
du hast mich ins Tal des Schauens geführt.
Ich erlebe dort Tiefen, aber sehe dich in der Höhe;
umgeben von Bergen der Sünde erblicke ich deine Herrlichkeit.

Lass mich diesen Widerspruch verstehen,
dass der Weg, der abwärts geht, nach oben führt,
dass ich erhöht bin, wenn ich ganz am Boden liege,
dass ein zerbrochenes Herz ein geheiltes Herz ist,
dass ein bußfertiger Geist ein jubelnder Geist ist,
dass eine bußfertige Seele eine siegreiche Seele ist,
dass wenn ich nichts habe, ich alles besitze,
dass wenn ich mein Kreuz aufnehme, ich eine Krone trage,
dass geben nehmen heißt, dass das Tal der Ort des Schauens ist.
Herr, am hellichten Tage können aus den tiefsten Schächten heraus
Sterne gesehen werden, und je tiefer die Gruben sind,
desto strahlender leuchten deine Sterne.
Lass mich dein Licht in meiner Dunkelheit entdecken,
dein Leben in meinem Tod,
deine Freude in meinen Sorgen,
deine Gnade in meiner Sünde,
deinen Reichtum in meiner Armut,
deine Herrlichkeit in meinem Tal.

Ein altes puritanisches Gebet

Nancy Leigh DeMoss

zerbruch

Neu belebt von Gott

Leigh DeMoss, Nancy
Zerbruch
Neu belebt von Gott

Best.-Nr. 271164
ISBN 978-3-86353-164-5
Christliche Verlagsgesellschaft Dillenburg

This book was first published in the United States by Moody
Publishers, 820 N. LaSalle Blvd., Chicago, IL 60610 with the title
Brokenness, copyright © 2004, 2005 by Nancy Leigh DeMoss.
Translated by permission.

Wenn nicht anders angegeben, wurde folgende Bibelübersetzung
verwendet: Elberfelder Bibel 2006, © 2006 by SCM R.Brockhaus
in der SCM Verlagsgruppe GmbH Witten/Holzgerlingen. (ELB)

5. Auflage 2024
© 2015 und 2010 der deutschen Ausgabe:
Christliche Verlagsgesellschaft, Dillenburg
www.cv-dillenburg.de

Übersetzung: Anne Brake, Bergisch Gladbach
Satz: CV Dillenburg
Umschlaggestaltung: CV Dillenburg
Titelbild: © VTT Studio/Shutterstock.com

Druck: CPI Books GmbH, Leck
Printed in Germany

Wenn Sie Rechtschreib- oder Zeichensetzungsfehler entdeckt haben,
können Sie uns gern kontaktieren: info@cv-dillenburg.de

Inhalt

Vorwort

Im November 2001 durfte ich Zeuge sein, wie Gott auf wunderbare Weise mehr als 500 Pastoren und Älteste in Korea innerlich bewegte. Die Folgen waren tiefe Reue und persönlich und gemeinsam erlebter Zerbruch. Manche von ihnen verbrachten die ganze Nacht vor dem Herrn. Sie waren überzeugt, dass sie ihre Sünden mit Gottes Augen betrachten mussten, um sich dann von diesen entschieden loszusagen. Sie verstanden, dass sie als reine Gefäße des Herrn bereit sein sollten, sein Volk in einer neuen Zeit der Erweckung zu führen (Apg 3,19).

Es war Ehrfurcht einflößend, das Klagen vor dem Herrn in aufrichtiger Reue, in Bereitschaft zur inneren Reinigung und echtem Zerbruch zu erleben und das erwartungsvolle Beten um Erweckung in der Gemeinde und um geistliches Erwachen in ihrem Land zu hören. Die aussichtslose Lage ihrer Landsleute in Nordkorea bereitete ihnen besonderen Kummer.

Der vollkommene Zerbruch in Gottes heiliger Gegenwart ist Grundvoraussetzung für geistliche Erweckung. Diesen vollkommenen Zerbruch durfte ich erleben, als ich mich im Juli 1995 in Fort Collins mit Nancy Leigh DeMoss traf. Sie setzt sich in dem vorliegenden Buch ausführlich mit diesem Thema auseinander. Sie beschreibt ihre Reaktion auf Gottes Wirken in seiner Gemeinde und im Leben einzelner Christen. Es ist eine Tatsache, dass jeder von uns durch Gottes Eingreifen verändert wird.

Möge solch ein Aufbruch auch durch unser Land gehen. Dies kann nur geschehen, wenn wir das ernst nehmen, was Gott zu den Hirten,

Leitern und zu seinem Volk damals sagte. Es ist immer noch absolut wahr, dass:

WENN Gott Krisen zulässt, wie er es in 2. Chronik 7,13 darlegt ...

»Wenn ich den Himmel verschließe und kein Regen fällt oder wenn ich der Heuschrecke gebiete, das Land abzufressen, und wenn ich eine Pest unter mein Volk sende ...«

... DANN wird Folgendes passieren:

»Und mein Volk, über dem mein Name ausgerufen ist, demütigt sich, und sie beten und suchen mein Angesicht und kehren um von ihren bösen Wegen, dann werde ich vom Himmel her hören und ihre Sünden vergeben und ihr Land heilen« (2Chr 7,14).

Und Gott wiederholt noch einmal:

»Jetzt werden meine Augen offen und meine Ohren aufmerksam sein ...« (2Chr 7,15).

Ich erlebe in diesen Tagen deutliche und weitreichende Veränderungen in meinem Leben. Ich bete, dass die so dringend benötigte Erweckung unser Land und die Welt erreicht. Ich suche im Besonderen nach Gelegenheiten zur persönlichen Erweckung und zu persönlichem Gebet.

Ich möchte Sie inständig bitten, dem Aufruf in diesem Buch Beachtung zu schenken: dem Aufruf nach Zerbruch. Lesen Sie aufmerksam diese hilfreiche Anleitung, und fragen Sie sich, wie Sie diese Botschaft in Ihrem Leben, Ihrer Familie und Ihrer Gemeinde umsetzen können. Nehmen Sie Korrekturen in Ihrem Leben sofort und gründlich vor.

Viele Menschen haben als Folge des 11. Septembers 2001 ihre Einstellung gegenüber dem Leben deutlich geändert. Auch die Hirten der Gemeinde und die Gläubigen sind zum Umdenken aufgerufen. Viele Menschen wissen weder, woran eine geistliche Krise zu erkennen ist, noch wie sie sich vor Gott verhalten sollen. Dieses Buch gibt nicht nur das Wort Gottes klar weiter, es leitet auch praktisch an, zu Gott zurückzufinden. Nur so kann der Herr wieder unter seiner Gemeinde Erweckung und geistlichen Neuanfang bewirken.

Henry T. Blackaby

Danksagung

Die Anerkennung für dieses besondere Buch sollte richtigerweise – mehr noch als für alle anderen Botschaften, die ich je in Buchform festgehalten oder als Vortrag ausgearbeitet habe –, auch anderen Menschen gelten. Viele Teile dieses Buches wurden über mehrere Jahre hinweg in Zusammenarbeit mit den Mitarbeitern von *Life Action Ministries*, besonders Del Fehsenfeld Jr. (bereits beim Herrn) und Tim St. Clair, während unseres gemeinsamen Dienstes entwickelt. Dies gilt auch für manche biblische Erkenntnis und Anwendungen und, in einigen Fällen, auch für endgültige Formulierungen.

Tim, Del und ich haben über die Jahre hinweg Gedanken und Aufzeichnungen ausgetauscht und sind zu ähnlichen Schlüssen gelangt. Aus diesem Grund ist es zuweilen schwierig festzustellen, von wem welche Botschaft in diesem Buch stammt. Das Herz dieser Männer hat nie nach Anerkennung für ihre Arbeit gesucht. Es war ihr einziger Wunsch, dass die Botschaft dieses Buches weitergegeben und unter Gläubigen beachtet wird. Mehr noch aber als ihre Botschaft hat ihr eigenes Leben mir die Bedeutung echten Zerbruchs gezeigt. Dieses Buch ist die Frucht unserer gemeinsamen Arbeit und das Ergebnis einer Gemeinschaft im Dienst.

Auch andere Menschen haben einen bedeutenden Beitrag zu diesem Werk geleistet. Besonderer Dank gilt:
- Lela Gilbert und Cheryl Dunlop für ihre redaktionelle Arbeit. Sie haben mir geholfen, meine Botschaft auf effektive Art und Weise zu vermitteln. Und Carolyn McCulley für ihre Hilfe beim Entwickeln des Gesprächsführers.

- Greg Thornton, Bill Thrasher, Elsa Mazon und meinen anderen Freunden bei *Moody Publishers*, ohne deren Vision, Unterstützung und Zusammenarbeit dieses Buch nicht entstanden wäre.
- den Männern und Frauen aus dem Mitarbeiterteam von *Revive Our Hearts*, deren treue und eifrige Bemühungen es mir ermöglichen, mich darauf zu konzentrieren, die Botschaft der Erweckung zu entwickeln und vorzustellen.
- meinem Team von betenden Freunden. Ihre Fürsprache vor dem Thron bedeutete große Gnade in meinem Leben. Sie ermutigten mich oft durchzuhalten, wenn ich den Eindruck hatte, nichts mehr geben zu können.
- meinem geliebten Herrn Jesus, der weitaus den größten Dank verdient hat. Sein Zerbruch, der mich immer wieder neu zum Zerbruch aufruft, und sein Opfer auf Golgatha lassen die Gabe meines Herzens und dieses Buches angenehm vor dem Vater werden.

Einleitung

»Jesus füll mit deinem Geiste
jedes Herz, das völlig dein,
lass den Strom lebend'gen Wassers
bei und durch uns mächtig sein.«

M. E. Maxwell

Im Juli 1995 strömten aus den gesamten Vereinigten Staaten viertausend Mitarbeiter des *Campus Crusade for Christ* mit ungewöhnlich hohen Erwartungen in die Sporthalle der *Colorado State University* in Fort Collins, Colorado. Im vorangegangenen Frühling war es an einigen christlichen und weltlichen Universitäten spontan zu geistlicher Erweckung gekommen. Einige Mitarbeiter des *Campus Crusade* waren direkt vor Ort Zeugen dieser Ereignisse gewesen und waren gespannt, Gottes weiteres Wirken zu sehen.

Da sich die Leiter unter ihren Mitarbeitern neuen Antrieb in der Arbeit für Gott wünschten, wollten sie das Augenmerk der halbjährlichen Mitarbeiter-Konferenz auf das Thema »Erweckung« richten. Ihre Bereitschaft, vom üblichen Programm abzuweichen und den Mitarbeitern jeden Morgen während der einwöchigen Konferenz ausreichend Zeit einzuräumen, um dem Herrn im Gebet und seinem Wort zu begegnen, machte ihre Absicht deutlich. Für jede dieser ausgedehnten Sitzungen wurden nur ein oder zwei Redner eingeplant, denen keine zeitliche Begrenzung auferlegt wurde. Ein nicht unbedeutend großer Zeitanteil wurde offen gehalten, um zu sehen, wie Gott führen würde.

Die Konferenz begann am Freitag mit Anbetung und Fürbitte. Der gemeinsame Wunsch, Gottes Wirken unter den Seinen zu sehen, wurde an vielen Stellen greifbar. Die Gebete und dieser Wunsch wurden im Verlauf weniger Tage noch intensiver, als die Mitarbeiter Vorträge hörten von Männern wie Dr. Bill Bright über die »erste Liebe« für Jesus und von Dennis Rainey über die Notwendigkeit, die Eltern zu ehren. Zusätzlich berichteten einige Teilnehmer, die miterlebt hatten, wie Gott im vergangenen Frühling an manchen Universitäten gewirkt hatte.

Einige Monate zuvor war ich von den Leitern dieser Konferenz gefragt worden, ob ich als Rednerin an diesem Treffen teilnehmen würde, da sie mein Anliegen für Erweckung kannten. Schon seit Längerem hatte ich darauf gewartet, dass der Herr mir zeigen würde, wie ich meine Botschaft weitergeben sollte. Ich empfand zutiefst Verantwortung für diese Aufgabe. Erst zwei Wochen vor der Konferenz wurde mir klar, wie mein Thema lauten sollte – Zerbruch und Demut. Das Anliegen für diese Thematik war aus dem Studium und der Betrachtung des Buches Jesaja entstanden, mit dem ich mich mehrere Monate lang beschäftigt hatte. Dieses Anliegen entsprang ebenso dem Wirken Gottes in meinem eigenen Herzen. Kurz zuvor hatte er mich in einem bestimmten Bereich meines Lebens auf eine neue Ebene von Reue und Zerbruch geführt.

Am Montagmorgen sprach ich vor einer Gruppe von christlichen Mitarbeitern, die Gott auf diesen Augenblick vorbereitet hatte. Ich erzählte ihnen, was der Herr mich über die Bedeutung wahren Zerbruchs gelehrt hatte. Etwa zehn Minuten vor Ende des Vortrags bemerkte ich zwei Männer, die irgendwo in diesem riesigen Raum ihre Plätze verlassen hatten und sich nach vorne in die Sporthalle begaben. Sie knieten sich still auf dem Boden vor der Bühne nieder, von wo aus ich meinem Vortrag hielt. Ich weiß bis heute nicht, wer diese Männer waren oder warum genau sie gekommen waren. Rückblickend aber glaube ich, dass ihre Demut vorbereitend den Weg zum Zerbruch und zur Demut anderer Menschen geebnet hat.

Am Ende des Vortrags nahm ich Bezug auf ein altes Gospellied, das im vorausgegangenen Frühling während der Studentenerweckung oft gesungen worden war:

Geh nicht an mir vorüber, oh geliebter Retter,
höre mein bescheidenes Rufen;
geh nicht an mir vorüber,
während du noch andere berufst.

Ich schlug vor, dieses Lied zu singen, und ermutigte alle Anwesenden, jeden Schritt in Richtung Demut und Zerbruch zu unternehmen, den Gott ihnen aufs Herz legen sollte. Soweit ich mich erinnern kann, war das gegen 10.30 Uhr morgens. Was in den nächsten Stunden und Tagen geschah, ist schwer zu beschreiben, da es so heilig und kostbar ist. Es ist in der Tat auch das erste Mal, dass ich versuche, die Erlebnisse dieser Woche schriftlich festzuhalten – ich habe die Ereignisse nicht einmal in meinem Tagebuch notiert.

Ich habe mich sogar gefragt, ob ich überhaupt diesen kurzen Bericht schreiben soll. Ich zittere bei dem Gedanken, in irgendeiner Weise Gott die Ehre für sein göttliches Wirken zu nehmen. Denn ich weiß nur zu gut, dass ich keinen Anteil daran habe, was geschehen ist – ich war zu der Zeit (und bin es auch heute noch) eher ein Lehrling in Sachen Erweckung als ein Lehrer. Ich selbst habe einige Male erlebt, und werde davon auf den nächsten Seiten berichten, wie ich gegen die tödliche Sünde des Stolzes zu kämpfen hatte – und genau dieses Thema musste ich an diesem Tag aufgreifen.

Ich bin überzeugt, dass Gottes Eingreifen während dieser Woche uns nur erahnen lässt, wie er durch uns Christen wirken möchte. Aus diesem Grund wird mich dieses Thema auch weiterhin beschäftigen. Er möchte seiner Gemeinde seine Gegenwart und Herrlichkeit offenbaren. Er möchte unsere Herzen und Häuser, unsere Gemeinden und Dienste mit seiner Liebe und seinem Geist durchdringen. Er möchte seine Gnade auf den trockenen, durstigen Grund unseres Lebens ausgießen.

Er möchte unsere »erste Liebe« für Jesus Christus wiederherstellen; das Feuer der Hingabe, das einst lodernd in unseren Herzen gebrannt hat, wieder entfachen, zerbrochene Beziehungen heilen und die Bereiche unseres Lebens, die sich in einem baufälligen Zustand befinden, wieder aufbauen. Kurz gesagt, er möchte unsere

Herzen neu beleben. *Und all dem müssen innerer Zerbruch und Demut vorausgehen.* Es gibt keine Ausnahme. Keine Abkürzung. Keinen Ersatz.

Niemand kann genau sagen oder erklären, was an diesem heißen Julitag in Colorado passierte. Aber ich glaube, die meisten der dort Anwesenden werden meiner Behauptung zustimmen, dass Gott auf besondere Weise am Werk war. Nachdem er begonnen hatte, in den Herzen der Anwesenden zu wirken, wurden für den Rest des Tages alle bereits geplanten Veranstaltungen abgesagt; dasselbe geschah am nächsten und übernächsten Tag. Es gab keine offiziellen Pausen während des Gottesdienstes, der am Montagmorgen um 9 Uhr begann und bis Mitternacht dauerte. Die meisten Teilnehmer verspürten nicht den Wunsch, nach draußen zu gehen. Nur einige von ihnen gingen für kurze Zeit leise heraus, um etwas zu essen oder sich um ihre Kinder zu kümmern. Die Leute saßen Stunde um Stunde den ganzen Tag lang wie festgenagelt auf ihren Stühlen in der Halle oder auf der Zuschauertribüne, während wir warteten, zuhörten, Buße und Fürbitte taten und anbeteten.

Die Sporthalle der *Colorado State University* in Fort Collins ist eine gewöhnliche Sporthalle – das Zuhause einer berühmten Football-Mannschaft. Es ist nicht die Art von Schauplatz, wo man normalerweise eine Begegnung mit Gott erwarten würde. In dieser Woche jedoch wurde diese Halle zu einem Ort, an dem die Gegenwart Gottes spürbar war. Der gesamte Raum wurde zu einem Altar, auf dem Männer und Frauen dem Herrn ihr Leben als ein lebendiges Opfer darbrachten. In dem riesigen Zuhörersaal demütigten sich Hunderte von Männern und Frauen vor Gott und voreinander. Ehemänner und Ehefrauen, Eltern und junge Menschen, Kollegen, Leiter und Mitarbeiter traten sich und Gott ehrlich gegenüber. In den darauf folgenden Tagen wurde seit Jahren gegeneinander gehegter Groll ans

Licht gebracht und Verletzungen einander vergeben, die zum Teil Jahrzehnte zurücklagen.

Immer wieder kamen Teilnehmer ans Mikrofon, um bestimmte Sünden vor Gott und den Mitarbeitern zu bekennen. In Gottes Gegenwart wurden Heuchelei und Masken abgelegt. Man gestand sich offen geistliche Nöte und Fehler ein. Selbst Montagmitternacht, nachdem man beschlossen hatte, eine Pause zum Schlafen einzulegen und am nächsten Tag fortzufahren, stand noch immer eine Schlange von Menschen an, die etwas am Mikrofon mitteilen wollten.

Eine Szene, die sich in dieser Woche immer und immer wiederholte, ist mir in lebhafter Erinnerung geblieben: Jedes Mal, wenn ein Teilnehmer seinen Beitrag beendet hatte, gingen einige Menschen zu ihm, um mit ihm und für ihn zu beten. Zu jeder Tageszeit hielten sich einige Gebetsgruppen in der Nähe der Bühne auf. Es wurde aufrichtige Fürsprache eingelegt für innerlich zerbrochene Gläubige, die Buße taten über jede denkbare Sünde oder Bindung.

Das Erleben des inneren Zerbruchs, das im gesamten Raum geschah, spielte sich sowohl intensiv auf persönlicher als auch auf gemeinschaftlicher Ebene ab. Was für ein Wohlgeruch muss zum Thron Gottes aufgestiegen sein, als diese Familie von Gläubigen Buße getan und sich vor ihm gedemütigt hat.

Erweckung kann auch unter Umständen einiges aufwühlen. Es war, als ob ein riesiger Stein umgestürzt worden wäre und ein Scheinwerfer alle möglichen Arten von Würmern und Insekten aufdeckte. Nicht jedem war es angenehm, Sünde öffentlich zu bekennen. Es herrschte jedoch weitgehend die Meinung, dass das, was passierte, nicht von Menschen initiiert worden war.

Die Leiter der Veranstaltung waren sich einig in dem Bestreben, Gottes Wirken hier nicht behindern zu wollen. Sie baten den Herrn jede Stunde aufs Neue, sie zu leiten. Sollten sie die Sache einfach weiterlaufen lassen? (Das bedeutete, auf die geplanten Beiträge anderer Redner und auf Schulungsseminare zu verzichten.) Wie und bis zu welchem Ausmaß sollte man diese Sache lenken? (Bei einer Gruppe von dieser Größe mussten auch praktische Dinge berücksichtigt werden – was sollte mit den 1500 Kindern in der Kinderbetreuung geschehen?) Niemand wusste, wie er mit dieser Sache umgehen sollte. Weder vorher Gelesenes noch Erlebtes hatte darauf vorbereitet.

Gott hatte dafür gesorgt, dass Dr. Henry Blackaby, der Autor von *Experiencing God*, zu einem Vortrag eingeladen worden war. Nach seiner Ankunft setzte er sich dazu und betete für die, die ihr Herz ausgeschüttet und ihr Bedürfnis zum Ausdruck gebracht hatten, innerlich gereinigt zu werden. Am nächsten Morgen predigte er über das Wesen wahrer Buße. Es war eine gesegnete Botschaft. In den darauf folgenden sieben oder acht Stunden begleitete er diejenigen, die vorne am Mikrofon Dinge aus ihrem Leben bekannten, die Gott ihnen aufs Herz gelegt hatte. Seine seelsorgerische, biblische Hilfestellung unterstützte die Leute darin, zu gründlicher und ehrlicher Buße zu gelangen.

Die Wahrheit, die Gott uns in dieser Woche so deutlich vor Augen stellte, um seine Kinder auf eine neue Ebene von Freiheit und Fruchtbringen zu führen, sollte im Leben eines jeden Gläubigen im Vordergrund stehen. Im Großen und Ganzen fehlt diese Wahrheit heutzutage in der evangelikalen Bewegung. Wir reden viel von Anbetung, Einheit, Versöhnung, Liebe und der Macht Gottes, vernachlässigen dabei jedoch eine wesentliche Komponente, durch die diese Dinge erst möglich werden. Ich glaube, dass ein Rückbesinnen auf diese Wahrheit – die Notwendigkeit des inneren Zerbruchs und der Demut – Ausgangspunkt für eine Erweckung sein kann, die wir so dringend in unserem Leben, unserem Zuhause und unseren Gemeinden benötigen.

Es handelt sich um keine neue Wahrheit. Es geht um ein zeitloses Prinzip, das sich wie ein roter Faden durch das gesamte Wort Gottes zieht. Es ist der einzige Weg, auf dem Sie und ich uns einem heiligen Gott nähern können. Es ist Gottes Anweisung zur Heilung belasteter menschlicher Herzen und Beziehungen. Einsamkeit, Angst, sündhafte Bindungen, zerbrochene Beziehungen, Kommunikationhindernisse, Generationsprobleme, ungelöste Konflikte, Schuld, Scham, Egoismus, Süchte, Heuchelei und manchmal sogar Schüchternheit – die Wurzel dieser und auch anderer Probleme ist der Stolz. Aber sie können durch echten Zerbruch und Demut gelöst werden.

Benötigen Sie ganz neu die Gnade Gottes in Ihrem Leben? Möchten Sie ein Leben haben, durch das Gott wirkt? Möchten Sie frei werden von selbstsüchtigen, sündhaften Verhaltensmustern, die Sie plagen und Ihre Beziehungen vergiften? Möchten Sie wahre Freude finden? Muss Ihr Herz neu belebt werden?

Dieses Buch lädt dazu ein, Gott neu zu begegnen. Es ruft dazu auf, sein Herz und seine Wege zu entdecken. Es fordert auf, sich eine völlig neue Art des Denkens und Lebens anzueignen, bei der Aufstieg gleich Abstieg bedeutet, der Tod das Leben bringt und Zerbruch der Weg zum Heilwerden ist.

Kapitel 1

Der Kern der Sache

»Es ist ein Wunder, was Gott mit einem zerbrochenen Herzen anfangen kann, wenn man ihm alle Bruchstücke zur Verfügung stellt.«

Samuel Chadwick

Würden Sie heute Wayne und Gwyn Stanford kennenlernen, würde Ihnen ein herzliches, warmherziges, mitfühlendes und demütiges Ehepaar begegnen. Würden Sie sich mit ihnen länger unterhalten, bekämen Sie garantiert etwas Aufbauendes mit auf den Weg, das Gott sie gelehrt oder in ihrem Leben getan hat.

Das war nicht immer so. Als ich die beiden vor mehr als zwanzig Jahren kennenlernte, waren sie Anfang Fünfzig. Nach weltlichem Maßstab hatten sie es zu etwas gebracht. Wayne war ein erfolgreicher Geschäftsmann. Er und Gwyn besaßen ein schönes Haus im Mittelwesten und ein Ferienhaus in Florida. Sie bekleideten in ihrer Stadt öffentliche leitende Positionen und arbeiteten in ihrer Gemeinde aktiv mit. Sie litten jedoch beide, wie sie später einmal öffentlich sagten, an einer tödlichen Herzkrankheit – einer Krankheit bekannt unter dem Namen *Stolz*. Und sie merkten es noch nicht einmal.

Heute sind sie imstande zu verstehen, was sie damals nicht gesehen haben. Gwyn gesteht:

> »Ich war stolz auf meinen Ruf und meine Position. Ich war bekannt in dem Klub, in dem ich Vorstandsmitglied war, bekannt unter den Höchsten der Stadtverwaltung und als leitende Kraft in meiner Gemeinde. Wann immer die Gemeinde ihre Türen geöffnet hatte, war ich dort. Es war mir wichtig, dass jeder mich wahrnahm und sah, was ich tat. Ich war extrem selbstgerecht und meinte, geistlicher als andere zu sein. Andere kämpften mit Nöten, nicht aber Gwyn Stanford. Andere hatten Erweckung nötig, aber nicht ich!«

Obwohl beide geistlich reif schienen, waren ihre Herzen in Wirklichkeit leer, verhärtet und geistlich ausgehungert. »Mitten in meinem

Glauben war ich unendlich weit weg von Gott«, sagt Gwyn mit Bedauern.

Obwohl Wayne sich seiner eigenen geistlichen Not nicht bewusst war, war sie für die Menschen, mit denen er zu tun hatte, offensichtlich. Der damalige Pastor hat Wayne Stanford aus jenen Tagen in Erinnerung als »einen kühlen, berechnenden, selbstherrlichen Mann. Er verlangte nahezu, dass ich seinen Vorstellungen zu folgen hatte, die er von der Führung einer Gemeinde hatte. Er war extrem verurteilend und kritisch. Jeder gemeinsame Versuch, miteinander Gemeinschaft zu haben, endete in der Regel in Wut und Frust. Zwischen uns war eine tiefe Kluft.«

Gwyns Herzenseinstellung äußerte sich auf subtilere Art und Weise:

»Ich war unbelehrbar. Obwohl ich eine leitende Position einnahm, lebte ich nicht unter dem Wort. Ich lebte und handelte nach weltlicher Denkart. Ich wusste nicht, was es bedeutet, ehrlich und offen zu sein und transparent vor Gott und anderen Menschen. Ich ›spielte Gemeinde‹ – das war das Einzige, was ich konnte. Ich wusste, wie man anderen etwas vormacht.«

Wayne und Gwyn hätten möglicherweise den Rest ihres Lebens in diesem Zustand verbracht – geistlich betrogen, verhärtet und unbrauchbar – wäre der Herr nicht in seiner Güte eingeschritten, um ihnen ihre Not zu zeigen und sie von ihrem Stolz zu befreien.

1982 gehörte ich zu einem Team, das im Auftrag von Waynes und Gwyns Gemeinde eine zweiwöchige Besinnungszeit[1] durchführen sollte. Die Gemeindeglieder wurden aufgefordert, ihren geistlichen Zustand realistisch zu überdenken. Das Leben der Standfords sollte sich nach dieser ehrlichen Bestandsaufnahme total verändern.

Der zweite Sonntagmorgen in dieser Reihe von Treffen hat sich unauslöschlich in Waynes Gedächtnis eingegraben. Thema der Predigt war die alttestamentliche Geschichte von Naaman (2Kö 5). Naaman war ein geachteter, kompetenter Oberbefehlshaber der syrischen Armee. Er schien alles zu haben, was man sich wünschen mochte – aber er war aussätzig. Naaman wollte geheilt werden, nicht jedoch auf Kosten seines Stolzes. Wayne hielt plötzlich inne, als er sich in dem stolzen General wiedererkannte:

>»Wahrscheinlich hätte ich genauso gehandelt wie Naaman: Er nahm 6000 Schekel Gold und zehn Talente Silber mit sich und wollte sich von seinem Problem freikaufen. Mitten in der Predigt sprach Gott zu mir: *Du bist wie Naaman! Du leidest unter geistlichem Aussatz und brauchst Heilung. Du kannst wieder gesund werden, aber du musst mir folgen.*«

An diesem Morgen verließ Wayne mitten im Gottesdienst den Raum. Er ging in ein Nebenzimmer, das extra für die Menschen vorgesehen war, die in Ruhe beten wollten. Allein der Entschluss, dorthin zu gehen, war ein großer Schritt in Richtung Demut. Denn er war bisher fest entschlossen gewesen, diesen Raum nicht zu betreten. Im Nebenzimmer angekommen, fiel dieser angesehene Gemeindeälteste auf die Knie und flehte zu Gott um Erbarmen. Er bekannte seine Sünde des Stolzes und der Heuchelei und gab sich Gott völlig hin, ungeachtet dessen, was Gott mit ihm vorhaben sollte.

In derselben Woche nahm Gwyn an einem besonderen Gebetstreffen für Frauen in der Gemeinde teil. Dort hatte sie eine Begegnung mit Gott, die ihr gesamtes Leben umgestalten sollte. An diesem Morgen sprach die Referentin zwei Worte aus, die ihr Herz durchdrangen: »Gott lebt!« Dieser einfache Satz weckte sie aus ihrem geistlichen Schlaf auf und veränderte ihr Leben. Sie erinnert sich daran, folgenden Gedanken gehabt zu haben: *Gwyn, du lebst so, als ob Gott tot wäre.* Zum ersten Mal erkannte sie sich, wie Gott sie sah. Sie sah, wie sündig sie war und wie dringend sie seine Gnade brauchte.

Das Erleben, von Gottes Geist überführt zu werden, war sehr intensiv. Zum ersten Mal in ihrem Leben reagierte sie auf dieses Überführtwerden in Demut. Ihr wurde sogar bewusst, dass sie trotz ihres religiösen Auftretens und ihrer religiösen Aktivität nie wirklich wiedergeboren war. Sie schrie zu Gott um Rettung und wurde innerlich ruhig darüber, dass er ihr Herz neu gemacht und gereinigt hatte.

Herzprobleme

Das, was sich vor mehr als zwei Jahrzehnten im Leben von Wayne und Gwyn ereignete, kommt einer großen »Herzoperation« gleich. Gwyn hatte sich jahrelang selbst betrogen in dem Glauben, ein Kind Gottes zu sein, nur weil sie ein treues, aktives Gemeindeglied war. Sie benötigte eine »Herztransplantation« – und sie erhielt ein neues Herz. Bei Wayne hatten sich die »geistlichen Arterien« zugesetzt – sie waren verstopft und verkrustet auf Grund von Egoismus, Stolz, religiösen Werken und dem Versuch, »den äußeren Schein zu wahren«.

Der alttestamentliche Prophet Jeremia hatte verstanden, dass es Gott auf die Herzenseinstellung ankommt und der gesamte Körper leiden muss, wenn das Herz krank ist. Unerbittlich und beharrlich sprach er immer wieder das Thema »Herz« an. Er erwähnt dieses Wort in seinem prophetischen Buch mehr als siebzig Mal. Gott schenkte ihm ein feines Gespür dafür, hinter die Fassade des eindrucksvollen, äußerlich religiösen Lebens seines Volkes zu sehen.

Jeremia durchdrang und erforschte das Herz seines Volkes und brachte es ans Licht. Er bat die Menschen zu sehen, was Gott sah.

Allem Anschein nach waren die Juden – Gottes auserwähltes Volk – tief religiös. Jeremia jedoch predigte, dass ihre Herzen von dem Gott abgewichen waren, der sie erlöst hatte: »*Aber dieses Volk hat ein störrisches und widerspenstiges* **Herz**« (5,23, Hervorhebung des Wortes »Herz« durch den Autor; ebenso bei allen weiteren Zitaten).

Die Juden im Alten Testament führten pflichtbewusst unzählige Rituale zeremonieller Reinigung durch. Jeremia erkannte aber, dass alle diese Reinigungen des Körpers bloß die Vorstellung eines gereinigten Herzens widerspiegelten. Deshalb drängte er: »*Wasche dein* **Herz** *rein von Bosheit, Jerusalem*« (4,14).

Obwohl Gott sich selbst und sein Gesetz seinem Volk offenbart hatte, war es stur im Herzen und nicht mehr sensibel für Gottes Wort: »*Ihr folgt ein jeder der Verstocktheit seines bösen* **Herzens**, *ohne auf mich zu hören*« (16,12).

Im Neuen Testament greift der Herr Jesus, Gottes letzter Prophet, genau dieses Thema auf, das sich wie ein roter Faden durch das gesamte Alte Testament zieht. Während seines Dienstes auf der Erde erschütterte er das gesamte religiöse System seiner Tage, weil er sich weigerte, sich von Dingen beeindrucken zu lassen, die Menschen hoch schätzten. Er bestand darauf, dass allein zählt, wie es im Herzen eines Menschen aussieht.

Er konfrontierte die religiösen Führer seiner Tage ohne Umschweife mit der Tatsache, dass sie davon besessen seien, ein gutes äußeres Bild abzugeben, während ihre Herzen leer und korrupt seien:

> »*Heuchler! Treffend hat Jesaja über euch geweissagt, indem er spricht:* ›*Dieses Volk ehrt mich mit den Lippen, aber ihr* **Herz** *ist weit entfernt von*

mir. Vergeblich aber verehren sie mich, indem sie als Lehren Menschen-gebote lehren‹« (Mt 15,7-9).

Die Jünger fragten Jesus, warum er mit den Pharisäern so hart umgegangen sei. Er erklärte ihnen, dass diese zwar pingelig auf das Händewaschen vor dem Essen achteten, um sich nicht zu ver-unreinigen, andererseits jedoch nicht bemerkten, dass ihre Herzen bestechlich waren: »*Denn aus dem **Herzen** kommen hervor böse Gedanken: Mord, Ehebruch, Unzucht, Diebstahl, falsche Zeugnisse, Lästerungen; diese Dinge sind es, die den Menschen verunreinigen, aber mit ungewaschenen Händen zu essen, verunreinigt den Menschen nicht*« (Mt 15,19-20).

Jesus griff das Thema *Herz* immer wieder auf. Er betonte, dass es nicht das Wesentliche sei, seinen Körper beschneiden zu lassen und allen Besitz, bis hin zu den Kräutern, zu verzehnten; dass es nicht das Wesentliche sei, sich jedes Mal vor dem Essen die Hände zu waschen oder das Gesetz vom Anfang bis zum Ende zitieren zu können; dass es nicht das Wesentliche sei, jeden Festtag, jeden Fastentag und jeden Sabbat peinlich genau einzuhalten; dass es nicht das Wesentli-che sei, bei allen Menschen als fromm angesehen zu werden. Er schloss: Wenn die Herzenshaltung nicht stimmt, dann ist etwas nicht in Ordnung.

Ärzte empfehlen, sich in regelmäßigen Abständen einem Gesundheits-Check zu unterziehen. Jedem, in dessen Familie jemand an einer Herzkrankheit leidet, wird nahe gelegt, z.B. seinen Choleste-rinspiegel überprüfen zu lassen. Auch wenn er gesund aussieht, könnte es sein, dass er körperlich krank ist. Wenn unser Herz nicht richtig arbeitet oder unsere Arterien sich zusetzen, gehen wir der Sache auf den Grund, um entsprechende Maßnahmen einzuleiten. Wir sind uns bewusst, dass es fatal sein könnte, den Gesundheits-zustand unseres Herzens zu vernachlässigen.

Sollten wir nicht genauso besorgt sein um den geistlichen Zustand unseres Herzens? Es ist doch Tatsache, dass wir alle innerhalb unserer Familiengeschichte an einer »Herzkrankheit« leiden, wenn es um geistliche Themen geht. Wir müssen bereit sein, unser Herz durch ihn prüfen und ihn die Diagnose stellen zu lassen, zu der wir allein nicht fähig sind.

Die gute Nachricht des Evangeliums lautet: Der große Arzt hat Heilung für unsere betrogenen, kranken Herzen. Jesus ist gekommen, um uns einer radikalen »Herzoperation« zu unterziehen. Er möchte uns von innen her reinigen und verändern durch die Kraft seines Todes und seiner Auferstehung. *»Und ich werde euch ein neues **Herz** geben und einen neuen Geist in euer Inneres geben; und ich werde das steinerne **Herz** aus eurem Fleisch wegnehmen und euch ein fleischernes **Herz** geben. Und ich werde meinen Geist in euer Inneres geben«* (Hes 36,26-28).

Vollständige Übergabe

Das Leben von Wayne und Gwyn Stanford veränderte sich dramatisch, nachdem Gott ihnen ein neues, gereinigtes Herz geschenkt hatte. Eine Freundin, die Ähnliches mit Gott erlebt hatte, sagte mir: »Erweckung ist nicht nur eine emotionale Berührung; es handelt sich um eine vollständige Übergabe!«

Gwyn erinnert sich, woran sie merkte, dass ihr Herzenshaltung verändert war: »Ich hatte plötzlich solch einen großen Hunger nach Gottes Wort. Ich konnte es morgens kaum erwarten aufzustehen, um zu sehen, was er mir offenbaren würde. Ich wollte Zeit mit ihm verbringen. Ich konnte plötzlich Menschen lieb haben, die ich früher nie gemocht hatte.«

Nachdem Gott Waynes Herz verändert hatte, änderte sich seine gesamte Haltung. Derselbe Pastor, der unter Waynes Kontrolle und Kritik am meisten zu leiden hatte, schreibt später: »Man kann kaum glauben, dass dieser Wayne Stanford, den ich anfangs kennengelernt hatte, heute dieser geistliche, freundliche, langmütige, mitfühlende Kämpfer im Gebet ist.«

Gott legte Wayne zunächst nahe, sich mit seinen geschäftlichen und finanziellen Angelegenheiten auseinanderzusetzen. Das Ergebnis war eine radikale Verschiebung seiner Wertvorstellungen. Er begann, seine Familie zunehmend geistlich zu leiten – durch sein Vorbild und seine Worte. Waynes und Gwyns drei erwachsenen Töchter, die bekennende Christen waren, fanden zum echten Glauben, als sie sahen, wie Jesus Christus im Leben ihrer Eltern wirkte.

Anstatt für sich selbst zu leben und Dinge zu ihrem eigenen Wohlergehen anzuhäufen, suchten Wayne und Gwyn nach Möglichkeiten, ihre Zeit und Mittel zur Förderung der Gemeinde Jesu einzusetzen. Ein egozentrischer Lebensstil wurde durch einen aufopfernden Lebensstil abgelöst.

Die persönliche Erweckung, die Wayne und Gwyn 1982 erleben durften, war nicht nur von kurzer Dauer. Seit mehr als zwanzig Jahren gehen sie jetzt in Demut ihren Weg mit Gott, zeigen ihm und den Menschen ihre Liebe und dienen Gott und anderen. Der Ausgangspunkt des Zerbruchs ist zu einem fortwährenden Prozess täglichen Zerbruchs geworden. Gwyn gesteht, dass es in diesem Prozess immer wieder auf und ab geht:

»Ich kann nicht behaupten, alles im Griff zu haben. Auch ich habe Nöte und mit mir zu kämpfen. Aber ich lerne, meine Nöte vor Gott und anderen Menschen zuzugeben und offen, ehrlich und transparent zu sein. Meine Einstellung früher lautete immer: ›Ich brauche dich nicht, du aber brauchst mich sehr wohl.‹ Ich war bereit, anderen zu helfen, jedoch nicht gewillt, meine Maske abzunehmen und mir Hilfe zu holen. Inzwischen weiß ich, dass ich nur dann, wenn ich demütig bin und mich demaskiere, Gottes Gnade erleben, siegreich und frei sein kann.«

Wayne und Gwyn entdeckten ein Geheimnis, das sie von einem oberflächlich religiösen Leben befreite und sie in die Freude der Fülle eines Lebens im Geist führte – sie lernten, welche Art von Herz Gott neu belebt. Sie lernten, dass Gottes Wertvorstellungen nicht den Wertvorstellungen von Menschen entsprechen. Sie lernten, dass das wahre Leben, Freiheit und Freude nicht im Erklimmen der gesellschaftlichen Erfolgsleiter zu finden sind, sondern in der Demut; nicht in der Selbstgefälligkeit, sondern in dem Eingeständnis, auf Hilfe angewiesen zu sein. Sie waren bereit, ihre religiösen Masken abzunehmen und wurden wahrhaftig. Und Gott begegnete ihnen anschließend auf eine Art und Weise, wie sie es nie zuvor erlebt hatten.

Herzkontrolle

Wie steht es mit Ihnen? In welchem Zustand befindet sich Ihr Herz? Kann es sein, dass Sie, wie Wayne und Gwyn, sich selbst betrügen, Gemeinde nur »spielen« und vorgeben, alles sei in Ordnung, obwohl Sie in Wahrheit eine große »Herzoperation« benötigen – vielleicht sogar eine »Herztransplantation«?

Wären Sie bereit, mit dem Großen Arzt einen Termin zu vereinbaren und ihn zu bitten, Ihr Herz zu überprüfen? Wenn ja, dann beten Sie das Gebet des Psalmisten: »*Erforsche mich, Gott, und erkenne mein Herz. Prüfe mich und erkenne meine Gedanken!*« (Ps 139,23).

Er möchte unsere Herzen neu beleben. Es gibt jedoch eine Bedingung, die wir erfüllen müssen, wenn wir unser Herz neu beleben lassen wollen. Die Wahrheit, die Sie auf den nächsten Seiten lesen werden, wird Ihre Welt und Ihr Denken vielleicht auf den Kopf stellen. Genauso war es bei den Menschen zu biblischen Zeiten, die diese Wahrheit hörten. Gottes Weg mag Ihnen anfangs negativ, einschränkend oder schmerzhaft erscheinen. Er führt jedoch, so haben es meine Freunde Wayne und Gwyn entdecken dürfen, zu Freiheit, Fülle, Sieg, Fruchtbringen und Freude.

Kapitel 2

Was ist Zerbruch?

»Innerlich zerbrochen zu sein,
ist der Anfang der Erweckung.
Es ist schmerzhaft,
es ist demütigend,
aber es ist der einzige Weg.«

Roy Hession[1]

Sie finden heutzutage in jedem christlichen Buchladen ein breites Angebot an Büchern und Produkten, die Ihnen Hilfestellung geben, jeden Bereich Ihres Lebens und jeden Lebensabschnitt erfolgreich zu meistern. Sie erhalten Informationen darüber, wie Sie ...

• Frieden, Freude und Erfüllung finden,
• zu einer intimeren Gemeinschaft in Ihrer Ehe gelangen,
• eine bessere Beziehung zu Ihren Kindern aufbauen,
• näher zu Gott kommen,
• mit Verletzungen und Wunden aus Ihrer Vergangenheit umgehen können,
• mit gewissen Menschen besser zurechtkommen,
• an Ihrem Arbeitsplatz, in der Schule und zu Hause erfolgreich sind,
• effektive Gemeindearbeit leisten können,
• das Gemeindewachstum fördern,
• mehr aus der Bibel schöpfen können.

Noch nie zuvor in der Kirchengeschichte haben wir über so viele Hilfsmittel und Ressourcen verfügt, die uns bei unseren Fragen, Verletzungen und Nöten weiterhelfen können. Warum führen dann so viele Christen heutzutage ein frustriertes, leeres und fruchtloses Leben in Niederlage? Tief im Inneren sehnen sich viele von uns danach, in größerem Ausmaß als bisher Gottes Gegenwart und Wirken in ihrem Leben zu erfahren. Dazu aber müssen unsere Herzen erneuert werden. Es gibt jedoch nur wenige Menschen, die uns zu dieser Wahrheit hinführen, damit unsere Herzen erneuert und wir frei werden.

Die Heilige Schrift äußert sich unmissverständlich darüber, welche Art von Herz Gott erneuert. Das Leben von Wayne und Gwyn wurde nicht auf geheimnisvolle Art und Weise verändert, sondern in Anlehnung an einen Grundsatz, der sich wie ein roter Faden durch das gesamte Wort Gottes zieht:

>*Denn so spricht der Hohe und Erhabene, der in Ewigkeit wohnt und dessen Name der Heilige ist: In der Höhe und im Heiligen wohne ich und bei dem, der **zerschlagenen und gebeugten Geistes** ist, um zu beleben den Geist der **Gebeugten** und zu beleben das Herz der **Zerschlagenen**«* (Jes 57,15).

Diesem Bibelvers zufolge hat Gott zwei »Adressen«, wo er wohnt. Die erste Adresse überrascht nicht. Wir lesen, dass der hohe und erhabene Gott des Universums »in der Ewigkeit, in der Höhe und im Heiligen« wohnt. Seine zweite Adresse, die die Bibel nennt, finde ich sehr erstaunlich: Gott lebt bei denen, die zerschlagenen und gebeugten Geistes sind. Normalerweise würden wir erwarten, dass ein König sich bevorzugt bei den Hohen und Mächtigen, bei den Wohlhabenden und Erfolgreichen aufhält. Aber dieser König zieht es vor, bei den Zerschlagenen und Gebeugten zu wohnen.

Welcher Art von Mensch nähert Gott sich? Welche Art von Mensch errettet und befreit er? Es zieht ihn zu Menschen, die einen zerbrochenen, zerschlagenen Geist haben.

Psalm 51 ist ein tiefempfundenes, bußfertiges Gebet. König David schrieb es, nachdem er in große Sünde mit Batseba gefallen war. Ihm war bewusst, dass er absolut nichts tun konnte, um Gottes Gunst zurückzuerlangen. »*Denn du hast keine Lust am Schlachtopfer, sonst gäbe ich es; Brandopfer gefällt dir nicht*« (Vers 18).

David sagt: »Herr, wenn du zehntausend Schafe oder Ochsen oder Stiere von mir haben wolltest, ich würde sie als Opfer darbringen.« Haben Sie schon einmal bemerkt, wie viele Menschen meinen, sie müssten sich auf geistlichem Gebiet ein Bein ausreißen, um Gottes

Gunst zu erlangen? David hatte verstanden, dass Gott keine religiösen Taten oder frommes Benehmen erwartet. Das einzige Opfer, das Gott wirklich will, ist ein demütiges, zerbrochenes Herz.

> »Die Opfer Gottes sind **ein zerbrochener Geist; ein zerbrochenes und zerschlagenes Herz** wirst du, Gott, nicht verachten« (Ps 51,19).

Jesus begann seine erste Predigt während seines Dienstes auf der Erde mit genau diesem Thema: »*Glückselig die* **Armen im Geist** *...*« (Mt 5,3). Jesus sprach davon, wie man wahre Freude erleben und glücklich sein kann. Zunächst müsse man, so erklärte er, arm werden. Ich bin nicht sicher, ob wir Armut als Segen empfinden würden, denn arm zu sein, erachten wir nicht als solchen. Jesus aber führte ein völlig neues Wirtschaftssystem ein – eine vollkommen andere Art und Weise, über das Leben zu denken.

In der griechischen Sprache, in der das Neue Testament ursprünglich geschrieben wurde, gibt es zwei verschiedene Begriffe für das Wort »arm«. Der erste Begriff betitelt einen an der Armutsgrenze lebenden Menschen, der ständig zu knapsen hat. Diesen Begriff hat Jesus nicht verwendet. Er benutzte ein anderes Wort, das so viel wie *Bettler* bedeutet – eine Person, die bettelarm ist. Für diesen Bettler besteht keine Hoffnung zu überleben, es sei denn, es kümmert sich jemand um ihn.

Was sagt Jesus? Gesegnet sind *die Bettler* – solche, die erkennen, dass sie geistlich mittellos und bankrott sind. Sie wissen, dass sie keine Chance haben zu überleben, wenn nicht Gott mit seiner Barmherzigkeit und Gnade eingreift. Aufgrund ihrer Not strecken sie sich nach ihm aus. Da sie das tun, antwortet er, indem er sie mit den Reichtümern seines Reiches und der Erweckung ihrer Herzen beschenkt.

Unsere Gesellschaft ist von dem Gedanken besessen, gesund sein und sich gut fühlen zu müssen. Dieser Trieb hat auch Auswirkungen darauf, wie wir das Leben eines Christen sehen. Wir wollen ein »schmerzloses Ostern«; wir wollen eine »lachende« Erweckung. Wir wollen siegen, ohne zu leiden; wir wollen auferstehen, ohne durchs Grab gegangen zu sein; wir wollen ein Leben, das den Tod nicht kennt; wir wollen eine Krone erhalten, ohne am Kreuz vorbei gezogen zu sein. Gottes Sicht aber ist eine andere: Der Weg nach oben ist für ihn der Weg nach unten.

Sie und ich werden erst Erweckung durch Gott erfahren, wenn wir ihm mit einem zerbrochenen Herzen begegnen. Unsere Familien werden erst gesund werden, wenn Ehemänner und Ehefrauen, Mütter, Väter und junge Menschen innerlich zerbrochen sind. Unsere Gemeinden werden erst das kraftvolle Zeugnis in der Welt sein, das Gott sich von uns wünscht, wenn ihre Glieder wahren Zerbruch erlebt haben.

Genau das bringt Jakobus an einer Stelle seines Briefes zum Ausdruck:

> »Naht euch Gott, und er wird sich euch nahen. Säubert die Hände, ihr Sünder, und reinigt die Herzen, ihr Wankelmütigen! Fühlt euer Elend und trauert und weint; euer Lachen verwandle sich in Traurigkeit und eure Freude in Niedergeschlagenheit. Demütigt euch vor dem Herrn, und er wird euch erhöhen« (Jak 4,8-10).

Die Menschen heute lehnen eine solche Botschaft ab. Wahrscheinlich würde kaum einer von uns in einer christlichen Buchhandlung nach einem Buch fragen, das Anleitung zum »Trauern und Weinen« gibt. Wir möchten stattdessen erfahren, wie wir glücklich und gesund werden, zu mehr Selbstachtung und zu einer besseren Einstellung zu uns selbst und unserem Leben finden können. Das Problem besteht unserer Meinung nach darin, dass wir trübsinnig und deprimiert sind und jemanden brauchen, der uns glücklich macht. Gottes Wort jedoch sagt: »Nein, bevor du Gott nahen kannst, musst du bescheiden werden.« Wir wollen uns selbst aufrichten. Er sagt: »Nein, demütige dich, und dann werde ich dich aufrichten.«

Falsche Vorstellungen von »Zerbruch«

Ich denke, viele Christen haben eine falsche Vorstellung davon, was Zerbruch wirklich ist. Folglich haben sie Probleme, sich mit diesem Thema auseinanderzusetzen. So wie gewöhnlich in vielen Bereichen unseres Lebens unsere Vorstellung von Gottes Vorstellung abweicht, so auch in Bezug auf den inneren Zerbruch.

Manche Menschen denken bei dem Wort Zerbruch an ständige Traurigkeit und Trübsinn und verbinden damit eine depressive Grundhaltung. Sie haben die Vorstellung, dass innerlich zerbrochene Menschen nie lächeln oder lachen können. Wie sollte ein solcher Mensch denn glücklich sein können oder inneren Frieden empfinden? In Wirklichkeit aber führt Zerbruch zu einer Befreiung, die ein tiefes Gefühl von Freude und Frieden nach sich zieht.

Andere wiederum verbinden mit Zerbruch eine krankhaft Haltung der Selbstbeobachtung: »Oh, wehe mir! Ich habe jede Sünde gebeichtet, die mir bewusst ist. Aber ich habe sicher noch etwas vergessen. Oh, was für ein Wurm bin ich nur!« Diese Art von »Geständnis« kann zu falscher Demut führen und einen schnell dazu bringen, sich selbst niederzumachen. Dann ist es schwer, echte Bestätigung oder Ermutigung zu erfahren. Falsche Demut und krankhafte Selbstbeobachtung sind in der Tat das Gegenteil von echtem Zerbruch, da man sich mehr mit sich selbst als mit Christus beschäftigt.

Wieder andere Menschen assoziieren den Gedanken des Zerbruchs mit einem tiefen, emotionalen Erlebnis, bei dem viele Tränen geweint werden. Sie erinnern sich daran, wie ein Lied oder eine Nachricht sie aufgewühlt hat oder sie durch ein Erlebnis bewegt waren. Leider haben unzählige Menschen ganze Eimer voll Tränen vergossen und dennoch nie einen Augenblick echten Zerbruchs erlebt. Es ist schwierig, wahrhaftig zu zerbrechen, ohne dass unsere Gefühle dabei eine Rolle spielen. Aber es ist wichtig zu verstehen, dass man möglicherweise Tränen vergießt, ohne zerbrochen zu werden, oder Zerbruch erlebt, ohne eine einzige Träne zu weinen.

Viele Menschen setzen Zerbruch mit dem Zustand gleich, durch tragische Umstände tief verletzt zu sein – zum Beispiel durch den Verlust eines Kindes, einen finanziellen Rückschlag oder vielleicht durch Krankheit oder Tod eines geliebten Menschen. Gott nutzt oft Tragödien, um die Aufmerksamkeit von Menschen zu erlangen und ihre Herzen zu ihm hinzuziehen. Ein Schicksalsschlag jedoch steht nicht als Garantie für inneren Zerbruch. Sie haben vielleicht schon viele tiefe Verletzungen und Tragödien in Ihrem Leben erlebt und sind trotzdem nie innerlich zerbrochen.

Was also ist wahrer Zerbruch? Jemand hat einmal gesagt, Zerbruch sei, wie ein bestimmter Duft, leichter wahrzunehmen als zu definieren. Wie kann man feststellen, ob Zerbruch in unserem Leben stattfindet?

Wahrer Zerbruch

Zerbruch ist kein Gefühl. Er setzt vielmehr eine Entscheidung voraus, das heißt einen Akt des Willens. Es handelt sich nicht um ein einmaliges Erlebnis, wie beispielsweise bedeutende und lebensverändernde Wendepunkte in unserem geistlichen Leben. Wahrer Zerbruch ist ein fortwährender, ständig andauernder Zustand, ein an den Moment angepasster Lebensstil, bei dem man sich immer wieder neu von Gott seinen wahren Herzenszustand zeigen lässt.

Zerbruch heißt, meine Eigenwilligkeit zunichte zu machen und meinen Willen vollkommen dem Willen Gottes zu unterstellen. Ich gebe mein »Ja, Herr!« – da ist kein Widerstand, kein Sich-Aufreiben, keine Widerspenstigkeit. Ich unterstelle mich seiner Leitung und seinem Willen für mein Leben.

Im Alten Testament wird unter anderem das Wort *zerschlagen* benutzt, wenn man von Zerbruch spricht. Dieses Wort bringt zum Ausdruck, dass etwas in kleine Teile zerstoßen oder zu Pulver gemahlen wird, so wie man einen Stein pulverisiert. Was in uns möchte Gott pulverisieren? Er möchte weder unseren Geist noch unsere Persönlichkeit zerstören, sondern einzig und allein unseren Eigenwillen.

Reitet man ein Pferd zu, versucht man, seinen Willen zu *brechen*. Nach erfolgreicher Arbeit ist es gehorsam und entspricht den Wünschen seines Reiters. Bei uns verhält es sich ähnlich: Wahrer Zerbruch setzt voraus, dass mein Eigenwille zerbrochen wurde. Erst dann können das Leben und der Geist des Herrn Jesus in mir erkennbar werden. Ich reagiere mit Demut und Gehorsam auf die Überführung durch Gottes Wort und den Heiligen Geist.

Zerbruch heißt, meine Selbstständigkeit und Unabhängigkeit vor Gott aufzugeben. Ein innerlich zerbrochener Mensch setzt kein Vertrauen in seine eigene Rechtschaffenheit oder eigene Werke, sondern begibt sich in völlige Abhängigkeit von Gottes Gnade, die in und durch ihn wirkt.

Zerbruch heißt, den Grund meines Herzens weich machen zu lassen – sämtliche Klumpen des Widerstands, die verhindern könnten, dass der Samen in die Erde dringt und Wurzeln schlägt, werden herausgebrochen. Viele Pastoren, die Woche für Woche das Wort Gottes predigen, sehen im Leben ihrer Zuhörer oft wenig Frucht. Das liegt, so glaube ich, hauptsächlich daran, dass der Boden unseres Herzens bereits so hart geworden ist und schon so lange brach liegt, dass der Samen gar nicht eindringen kann. Gläubige mit einem zerbrochenen, zerschlagenen Herzen sind empfänglich für das Wort Gottes und reagieren darauf.

Wachs oder Ton muss weich und geschmeidig sein, damit der Künstler etwas daraus formen kann. Genauso kann ein zerbrochenes, zerschlagenes Herz leicht durch die Hand Gottes in Form gebracht werden und bleibt sensibel für die Umstände, die Gott wählt, um es zu formen.

Dach abdecken, Mauern einreißen

Im 1. Johannesbrief erklärt der Apostel Johannes, weshalb unsere Beziehung zu Gott untrennbar mit unserer Beziehung zu anderen Gläubigen verbunden ist. Er schreibt: »*Wenn wir aber im Licht wandeln, wie er im Licht ist, haben wir Gemeinschaft miteinander, und das Blut Jesu, seines Sohnes, reinigt uns von jeder Sünde*« (1Jo 1,7). Zerbruch im Leben eines Gläubigen hat sowohl eine vertikale als auch horizontale Dimension – Zerbruch vollzieht sich auf zwei Ebenen. Ein innerlich gebrochener Mensch bewegt sich vor Gott in transparenter Ehrlichkeit und Demut – das heißt er »*wandelt im Licht*«. Unser Leben liegt offen und sichtbar vor Gottes Augen, der alles weiß und alles sieht. Im Licht zu wandeln, bedeutet, dass nichts zwischen meiner Seele und meinem Retter steht.

Es reicht jedoch nicht aus, demütig und zerbrochen vor Gott zu stehen. Unsere Beziehung zu Gott spiegelt sich unweigerlich in unserer Beziehung zu anderen Menschen wider. Ein vor Gott demütiger und zerschlagener Mensch wird in derselben Gesinnung auch anderen Menschen begegnen. Ein geistlicher Autor hat unser Leben einmal mit einem Haus, bestehend aus Dach und Wänden, verglichen.[2] Damit unsere Herzen Erweckung erfahren, muss das Dach vollständig abgedeckt (Zerbruch vor *Gott*) und die Wände niedergerissen werden (Zerbruch vor anderen *Menschen*).

Ich werde nie vergessen, wie ein Mann – nennen wir ihn »Jordan« – während der *Campus Crusade* Konferenz 1995, bei der Gott vieles bewirkte, zu seinen Kollegen sprach. Er war vollzeitlich im christlichen Dienst tätig und erlebte zu dem Zeitpunkt gerade eine geistliche Dürrezeit. Einige Zeit später berichtete er in einem Vortrag vor Freunden und finanziellen Unterstützern, wie Gott ihm in dieser Woche begegnet war. Gott hatte sein Herz bloßgelegt und ihn einem schmerzhaften Prozess des Zerbruchs unterzogen, der schließlich zu Freude und Erleichterung führte. Es ging zunächst darum, Buße vor Gott zu tun. Der Prozess dauerte an und trug reichlich Frucht, als Jordan anschließend auch anderen Menschen gegenüber bereitwillig die ihn umgebenden Mauern niederriss. Er schrieb folgende Zeilen im Rückblick auf diese Woche:

»Zu Beginn der Konferenz sah es in meinem Herzen kalt und leer aus. Ich tat mich schwer, die Lieder während des Eröffnungsgottesdienstes mitzusingen. Manchmal sang ich auch gar nicht mit ... ich hörte den anderen einfach zu. Freitag, Samstag und Sonntag vergingen. Dann kam der Montag.

Am Montagmorgen redete Nancy vor allen Mitarbeitern. Während ihres Vortrags stellte sie folgende Frage: ›Welche Art von Herzen erweckt Gott?‹ Sie stellte zwei Typen von Herzen gegenüber: ein zerbrochenes und zerschlagenes Herz und ein Herz voller Stolz.

Was als Nächstes passierte, werde ich mein Leben lang nicht vergessen. Aus allen Ecken der Turnhalle strömten Mitarbeiter nach vorne zur Bühne, um ihre Sünden öffentlich zu bekennen und um Vergebung zu bitten. Es bildete sich eine lange Schlange, und während der nächsten 13 Stunden wurden ununterbrochen in aller Öffentlichkeit Sündenbekenntnisse abgelegt. Die Leiter unserer Organisation ließen Gott freien Lauf, unsere Herzen zu bewegen. Es war echte Erweckung!

So etwas hatte ich noch nie erlebt. Ich saß Stunde um Stunde im Zuschauerraum und wurde Zeuge, wie Kollegen von mir aus tiefem, zerbrochenem Herzen heraus weinten, als sie ihre Sünden bekannten (oft war ich selbst zu Tränen bewegt durch den tiefen Schmerz, den sie empfanden). Ich merkte zunehmend, wie Gott mein Herz weicher werden ließ, wie der Geist Gottes mich meiner eigenen Sünde zu überführen begann und mir die Notwendigkeit zur Buße zeigte.

Ich verblieb auch den gesamten Nachmittag im Zuschauerraum und bekannte Gott meine Sünden. Ich bat ihn, mir zu vergeben, mich zu reinigen und in mir ein neues Herz zu schaffen. Zunächst dachte ich, es wäre nicht notwendig, nach vorne ans Mikrofon gehen. Bis zum Abend jedoch hatte mir Gott einige sündhafte Verhaltensweisen aufgezeigt – neben der Sünde, die er mir bereits vorher offenbart hatte –, die ich vor meinen Kollegen bekennen sollte. Um ein Uhr morgens in der Nacht schrieb ich einen vier Seiten langen Brief an Gott und meine Kollegen, in denen ich meine Sünden bekannte.«

Am darauffolgenden Tag schenkte Gott Jordan Mut, sich vor den anderen Mitarbeitern und den Leitern des *Campus Crusade* zu demütigen. Er las seinen Brief laut vor und bat sie um Vergebung. Jordans Brief war kein oberflächliches Geständnis. Er versuchte nicht, seine Sünden zu beschönigen, sondern brachte sie ans Licht. Während seine Frau an seiner Seite stand, bekannte er eine ganze Liste von Sünden, derer Gott ihn überführt hatte: unsaubere Motive; der Wunsch nach Anerkennung; Vergleichen mit anderen; mehr Einsatz für Projekte und Aufgaben als für Menschen; ein kritischer, verurteilender Geist; Menschen auf Distanz halten; Neid und Eifersucht. Das war nicht alles: Er las seinen Kollegen ebenso vor, was Gott ihm weiter aufs Herz gelegt hatte:

> »Ich bin ein Mensch, der unter vielen Süchten leidet. Ich wuchs in einem Zuhause auf, in dem mir wenig Liebe entgegengebracht wurde. Meine Eltern hatten mit ihrem eigenen Leben und Schmerz genug zu tun. Ich lernte als kleiner Junge schnell, mich selbst zu lieben, und brachte mir Liebe entgegen, indem ich mich überaß. Später kamen unsittliche Angewohnheiten und hohe Geldausgaben hinzu, im Studium dann Pornographie.
>
> Obwohl ich während meiner Studienzeit Christus in mein Leben aufnahm, verfolgten mich diese Süchte weiterhin. Bis heute habe ich ständig versucht, dagegen anzukämpfen – jede Sucht ist eine Art von Selbstliebe und der Versuch, Schmerz in meinem Leben zu verbergen.
>
> Auch heute noch, im Alter von 38 Jahren, muss ich mich mit

diesen Süchten auseinander setzen. Es ist mein Wunsch, darüber zu siegen. Ich bekenne sie als Sünde. Es ist unwichtig, aus welchem Grund diese Süchte bei mir ins Rollen kamen – ich bin jetzt ein erwachsener Mensch und übernehme die volle Verantwortung dafür, dass sie nach wie vor in meinem Leben präsent sind.

Ich bekenne auch vor euch und dem Herrn, dass ich die Welt und ihre Dinge mehr geliebt habe als ihn. Ich habe bisher noch nie die Freude einer engen, vertrauensvollen Beziehung zu Gott erlebt. In meinem Herzen hat sich infolgedessen eine Leere breitgemacht, die weder durch Angeln, durch Jazzmusik, durch Schach noch durch den Computer gefüllt werden kann.

Ich möchte, dass sich diese Dinge ändern. Ich möchte Buße tun. Ich möchte zerbrochen werden. Bitte betet dafür, dass Gott in den nächsten Monaten in mir einen tiefgehenden Zerbruch auslöst und ein neues, reines Herz schafft – ein Herz, das ihn mehr als mein eigenes Leben liebt.«

Als Jordan seine Geschichte später noch einmal wiedergab, erzählte er, wie auch seine Zuhörer von der Gnade und Liebe Gottes erfasst wurden, während er seine Mauern des Stolzes niederriss: »Nachdem ich mit Reden fertig war, kamen sofort mehr als zwanzig Kollegen zu mir, die mit mir beteten, mir vergaben, mich in den Arm nahmen und mir ihre Liebe zum Ausdruck brachten. Es gibt nur wenige Momente in meinem Leben, die mir so viel bedeuten wie dieser. Gott ist so gut. Wie der gütige, liebende Vater in der Geschichte vom ›Verlorenen Sohn‹, ist auch er immer bereit, seine Kinder zu heilen und willkommen zu heißen.«

Bei Jordan wurde dieser beginnende Prozess des Zerbruchs von einem neuen Gefühl der Erleichterung und Freude begleitet:

»Später am Abend sangen wir viele der Lieder, die wir am ersten Abend der Konferenz auch schon gesungen hatten. Dieses Mal jedoch sang ich mit! Und ich sang nicht nur einfach mit, sondern mit einer Freude im Herzen, die ich seit Jahren nicht mehr erlebt hatte. Als wir ein Lied mit dem Titel ›Weiß wie Schnee‹ sangen, musste ich weinen, weil ich die Freude der Sündenvergebung sehr stark empfand. Es erging mir wie der Sünderin, die zu Jesu Füßen lag und nicht aufhören konnte zu weinen. Auch ich war von seiner reinigenden Liebe berührt worden. Der Liedschreiber gab folgendes Zeugnis in seinem Lied: ›Ergeben, zerbrochen und dankbar vor unserem gütigen, freundlichen Retter ...‹«

Etwa ein Jahr später hatte ich Gelegenheit, Jordan und seine Frau persönlich kennenzulernen. Wir haben uns seitdem mehrmals getroffen. Es war schmerzvoll für Jordan, sich auf diese Art und Weise zu offenbaren. Und dennoch war es ein Teil des Prozesses, den Gott nutzte, um ihn zu neuer Freiheit und Sieg zu führen. Kürzlich erhielt ich einen Brief von seiner Frau:

»Jordan setzt sich weiterhin für eine gute und offene Beziehung zu Gott ein. Er hat das Ziel, die Bibel in diesem Jahr einmal durchzulesen. Seit zwei Jahren beten wir jeden Abend treu miteinander, bevor wir schlafen gehen. Er ist seinem Versprechen mir, sich selbst und dem Herrn gegenüber nachgekommen – nicht immer fehlerlos. Unsere eigene Menschlichkeit erinnert uns immer wieder daran, dass wir den Herrn ständig brauchen. Wenn wir versagen, sind wir bemüht, unsere Fehler zügig einander zu bekennen und einander zu vergeben.«

Jordans Weg war nicht leicht, und er ist diesen Weg auch nicht gegangen, ohne dabei gelegentlich zu scheitern. Jedem anderen Menschen, der den Weg des Zerbruchs betritt, wird es genauso ergehen. Jordan aber bezeugt, dass die in seinem Leben und dem seiner Familie erlebte Gnade bei Weitem das überstiegen hat, was er jemals für möglich gehalten hätte. Gottes reichen Segen empfangen wir nur durch inneren Zerbruch. Das haben wir aus eigener Erfahrung und aus den Erzählungen über Menschen wie Jordan erlebt. Und wir lernen es aus dem Leben der Männer und Frauen, deren Begegnung mit Gott die Seiten der Heiligen Schrift mit Leben erfüllen.

Kapitel 3

Porträts aus der Bibel

Zerbrochene und stolze Menschen

»Gott schafft aus dem Nichts.
Deshalb kann Gott aus einem Menschen erst etwas schaffen,
wenn dieser Mensch zu nichts geworden ist.«

Martin Luther

Wenn wir von Zerbruch reden, sprechen wir von nichts Neuem. Von den alten hebräischen Schriften bis hin zum Neuen Testament liefert uns die Bibel zahlreiche Beispiele von Menschen, die sich vor Gott gedemütigt haben und innerlich zerbrochen sind. Interessanterweise werden diese Menschen oft anderen gegenübergestellt, die innerlich *nicht* zerbrochen waren. Beide Gruppen von Menschen begingen Sünde. Der Unterschied lag nicht so sehr im Ausmaß ihrer Sünde, sondern in ihrer Reaktion, die sie zeigten, als ihnen ihre Sünde vor Augen geführt wurde.

Zwei Könige

Etwa 1000 Jahre vor Christi Geburt regierten zwei Könige über das Volk Israel. Der erste König machte sich – so würden die meisten von uns es betrachten – eines relativ unbedeutenden Gesetzesverstoßes schuldig. Aber es kostete ihn sein Königreich, seine Familie und schließlich sein Leben.

Sein Nachfolger hingegen machte sich weitaus größerer Vergehen schuldig. In einem Moment der Leidenschaft beging er Ehebruch mit der Frau seines Nachbarn und schmiedete anschließend ein Mordkomplott gegen diesen. Und trotzdem wird dieser Mann als ein »Mann nach dem Herzen Gottes« bezeichnet (1Sam 13,14). Worin unterschieden sie sich?

Als der erstgenannte Mann, König Saul, mit seiner Sünde konfrontiert wurde, verteidigte, rechtfertigte und entschuldigte er sich. Er gab anderen die Schuld und versuchte, sowohl die Sünde als auch die daraus resultierenden Konsequenzen zu vertuschen. Obwohl er schließlich zugab, gesündigt zu haben – nachdem er vom Propheten Samuel auf frischer Tat ertappt worden war – offenbarte

Saul seinen wahren Herzenszustand durch seine Worte: »*Bitte erzähle es nicht dem Volk!*« (s. 1Sam 15,30). König Saul lag mehr daran, seinen Ruf und Stand zu wahren – um nach außen hin gut dazustehen –, als vor Gott die Dinge in Ordnung zu bringen. Seine Reaktion auf die Worte von Gottes Prophet brachten ein stolzes, nicht zerbrochenes Herz zum Vorschein.

Als König David seine Sünde vor Augen geführt wurde, war er bereit, sein Versagen einzugestehen, die persönliche Verantwortung für sein Fehlverhalten zu übernehmen und seine Sünde zu bekennen und umzukehren. »Das Dach wurde abgedeckt«, als er vor Gott Buße tat. »Die Mauern wurden niedergerissen«, als er zwei Lieder der Buße niederschrieb – Psalm 32 und Psalm 51. Er demütigte sich nicht nur vor seinen Zeitgenossen, sondern auch vor zahlreichen Gläubigen, die nach ihm gelebt, sein Bekenntnis gelesen und aus seinem Scheitern gelernt haben.

Für demütige Männer und Frauen ist es unbedeutend, wer ihre Sünde aufdeckt. Sie haben nichts zu verbergen und nichts zu verlieren. Sie möchten auf jeden Fall, dass Gott Recht behält. Als David mit seinem Fehlverhalten konfrontiert wurde, zeigte er die Reaktion eines demütigen, zerbrochenen Mannes. Und sein Herz ehrte Gott. Gottes Wort offenbart uns immer wieder aufs Neue, dass es ihm nicht um die Tiefe oder das Ausmaß unserer Sünde geht, sondern um unsere Haltung und Reaktion auf die Konfrontation mit unserer Sünde.

Geschichten von Pharisäern und anderen Sündern

Im Lukasevangelium finden wir drei lebhafte Illustrationen, die den Unterschied zwischen einer innerlich zerbrochenen Person und einem stolzen, nicht zerbrochenen Menschen darstellen. Interessanterweise werden in jedem geschilderten Fall Pharisäer in Zusammenhang mit stolzen Menschen gebracht. Wir denken bei dem Wort Pharisäer meistens an »schlechte Menschen«. Damals jedoch wurden die Pharisäer als »gute Menschen« betrachtet. Sie waren Absolventen einer Bibelschule, Bibelgelehrte, Pastoren, geistliche Führer ihrer Tage. Jeder schaute zu ihnen auf; niemand stellte ihre Geistlichkeit oder Autorität in Frage. Und niemand fühlte sich in der Lage, möglicherweise an sie heranzureichen. Es wurde fest davon ausgegangen, dass die Pharisäer mehr als jeder andere Gott nah waren.

Als Jesus auf der Bildfläche erschien, entledigte er die Pharisäer ihrer theologischen Aura, mit der sie sich sorgfältig umgeben hatten. Ungeachtet ihres äußeren Erscheinungsbildes und ihrer vermeintlich frommen Handlungen schaute er hinter die Kulissen und bohrte sehr tief bei ihnen, bis ins Herz, das allein Gott sehen kann. Immer und immer wieder deckte er die stolzen, selbstgerechten Haltungen und Motive der Pharisäer auf und betonte, dass Gott diese Art von Herzenseinstellung ablehnt. Er verwies auf sozial niedrigstehende Sünder, die im Gegensatz zu den Pharisäern von jedermann abgelehnt wurden, aber bußfertige Herzen hatten. Damals und heute ist ein innerlich zerbrochener Sünder die Art von Mensch, die Gott auswählt, um ihn zu erretten, ihn zu segnen und ihm zu helfen.

Zwei Menschen, die beteten

In Lukas 18 erzählt Jesus ein Gleichnis von zwei Männern, die in den Tempel gingen, um zu beten. Beide waren in ihre geistliche Tätigkeit vertieft. Das Gebet des einen Mannes war für Gott annehmbar, das des anderen jedoch reichte nur bis zur Tempeldecke. Wo lag der Unterschied? Wieder kam es auf den Herzenszustand der Männer an und nicht auf die äußerlich sichtbaren Handlungen.

Der erste Mann, der nach außen hin Frömmigkeit vorgab, war kein echter Gottesanbeter (obwohl er jedermann täuschte, einschließlich sich selbst). In Wirklichkeit betete er sich selbst an; seine Welt drehte sich nur um sich. Die Heilige Schrift sagt: »*Der Pharisäer stand und betete bei sich selbst*« (Vers 11). Obwohl er seine Worte an Gott richtete, schien dieser offensichtlich wenig Aufmerksamkeit zu zeigen, als der stolze religiöse Führer seine geistlichen Referenzen zur Schau stellte: »*O Gott, ich danke dir, dass ich nicht bin wie die übrigen der Menschen: Räuber, Ungerechte, Ehebrecher oder auch wie dieser Zöllner. Ich faste zweimal in der Woche, ich verzehnte alles, was ich erwerbe*« (Verse 11-12).

Stolz hatte diesen sogenannten Anbeter dazu gebracht, sich anderen »Sündern« gegenüber vorteilhaft darzustellen. Er war blind geworden für seinen tatsächlichen Zustand und nahm die Verderbtheit seines eigenen Herzens nicht mehr wahr.

Der andere Mann – ein gewöhnlicher, verachteter Steuereintreiber, der seinen Lebensunterhalt durch Wucher verdiente – hatte offensichtlich eine Veränderung im Herzen erlebt. Niemand musste ihm sagen, dass er ein Sünder war. Er wusste, dass er kein Recht besaß, irgendetwas von Gott zu erbitten oder zu erwarten. Er konnte noch nicht einmal seine Augen zum Himmel aufheben. Mit gesenktem Blick, mit zerbrochenem Herzen und in Seelennöten, rief er aus: »*O Gott, sei mir, dem Sünder, gnädig!*« (Vers 13). Dieser Mann versuchte nicht, sich zu rechtfertigen. Er rechtfertigte vielmehr Gott und erkannte, dass seine einzige Hoffnung darin bestand, Gnade von Gott zu erfahren.

Es besteht kein Zweifel daran, welche Zuhörerschaft Jesus mit dieser Geschichte zu erreichen versuchte: »[Jesus] *sprach aber auch zu* einigen, die auf sich selbst vertrauten, dass sie gerecht seien, und die Übrigen für nichts achteten« (Vers 9). Jesus wollte direkt sein. Er hatte die Absicht, mit seiner Geschichte die Herzen der Stolzen und Selbstgerechten zu durchdringen und bloßzustellen.

Sie können sich vorstellen, wie unwohl sich diese selbstgerechten Pharisäer gefühlt haben und wie entrüstet sie gewesen sein müssen. War dieser Jesus etwa der Meinung, die Steuereintreiber seien gerechter vor Gott als sie? Jesus Schlussfolgerung aus dem von ihm erzählten Gleichnis brachte die Aussage sehr deutlich auf den Punkt: »... denn jeder, der sich selbst erhöht, wird erniedrigt werden; wer aber sich selbst erniedrigt, wird erhöht werden« (Vers 14).

Die Pharisäer hatten die Menschen mit ihrem selbstgerechten Auftreten und durch ihre religiösen Handlungen beeindruckt, Gott jedoch keineswegs. Es liegt in seinem Wesen, auf Stolz abweisend zu reagieren und sich denen zuzuwenden, die einen demütigen, zerbrochenen Geist haben.

Zwei Menschen bei einem Festessen

Im siebten Kapitel des Lukasevangeliums lesen wir, dass Jesus von einem Pharisäer namens Simon zum Essen in dessen Haus eingeladen wird. Der erste Vers dieser Bibelstelle lässt uns erahnen, wie es im Herzen des Pharisäers aussah: »Es **bat** ihn aber einer der Pharisäer, dass er mit ihm essen möchte« (Vers 36). In der Originalsprache wird das mit »bat« übersetzte Wort normalerweise gebraucht, um die Bitte eines Untergebenen an seinen Vorgesetzten zum Ausdruck zu bringen. Hier wird das Wort in einer Form benutzt, die einer Bitte an einen Gleichstellten entspricht. Simon der Pharisäer stellte sich also auf die gleiche Ebene wie Jesus.

Wir erfahren nicht, wer sonst noch zu diesem Essen geladen war. Wir wissen aber, dass eine Frau zu dem Essen kam, die keine Einladung erhalten hatte. Ihr Name wird nicht genannt. Wir bekommen lediglich die Information, dass sie »eine Frau in der Stadt [war], die eine Sünderin war« (Vers 37). Das bedeutete, sie war eine Frau von schlechtem Ansehen, die in Promiskuität lebte. Mit Sicherheit hat niemand sie bei diesem gesellschaftlichen Treffen willkommen geheißen, mit Ausnahme von Jesus. Er nimmt freudig Sünder auf, die erkennen, dass sie dringend auf Gnade angewiesen sind.

Während ich mich mit dieser Bibelstelle und den Parallelstellen beschäftigt habe, bin ich zu der Auffassung gelangt, dass diese Frau bereits kurz davor schon einmal auf Jesus getroffen sein muss. Sie war seinem Aufruf zur Buße gefolgt, hatte sich von ihrer Sünde abgewandt und ihn als Messias in ihr Leben aufgenommen. Er hatte ihr vergeben und sie von ihrer Sünde befreit. Nun kehrte diese Frau, die Vergebung erfahren hatte, zu Jesus zurück, um ihren Dank zum Ausdruck zu bringen. Sie wollte dem, der ihr Leben verändert hatte, ihre tiefe Dankbarkeit und Liebe erweisen.

Sie trat mit einer Alabasterflasche teuren Parfüms von hinten an die Füße Jesu heran, der gerade – der damaligen Sitte entsprechend – zu Tisch lag. Als sie schweigsam in seiner Gegenwart verweilte, begann sie zu weinen. Ich denke nicht, dass sie zu diesem Essen gekommen war, um Beachtung zu erlangen oder die Aufmerksamkeit auf sich zu ziehen. Wahrscheinlich war sie sich in diesem Moment nicht einmal bewusst, dass sich außer Jesus noch andere Menschen in dem Raum befanden. Sie war so überwältigt davon, was Jesus für sie getan hatte, dass sie ihren Gefühlen freien Lauf ließ.

Tränen ehrlicher Dankbarkeit liefen ihr die Wangen herunter und fielen auf die Füße ihres Retters. Verlegen bückte sie sich und

begann, die Tränen von seinen Füßen mit ihren Haaren weg-
zuwischen – ein Bild für die Vergebung, die sie empfangen hatte.
Jesus hatte ihr sündiges Herz rein gewaschen. Anschließend küsste
sie seine Füße und salbte sie mit dem mitgebrachten Parfümöl. Wen
sonst als den Sohn des Menschen, der sie von ihrer Sünde befreit
hatte, hätte sie mit diesem wertvollen Öl salben sollen? Aus dem
Leben dieser zerbrochenen und zerschlagenen Frau, die Vergebung
erfahren hatte, strömte spontane und unbefangene Anbetung und
Bewunderung.

Der Gastgeber hingegen, Simon der Pharisäer, war erzürnt. Seiner
selbstgerechten Haltung entsprechend schienen ihm das Benehmen
dieser Frau und allein schon ihre Gegenwart höchst unangebracht.
Seine Klage aber richtete sich in Wirklichkeit nicht gegen die Frau,
sondern gegen Jesus. Zu sich selbst murmelnd, sagte er: »*Wenn dieser
ein Prophet wäre, so würde er erkennen, wer und was für eine Frau das ist,
die ihn anrührt; denn sie ist eine Sünderin*« (Lk 7,39).

Jesus jedoch kannte nicht nur diese Frau sehr genau, sondern
auch Simon. Er wusste exakt, was Simon dachte. Jesus sprach zu ihm:
»Simon, ich habe dir etwas zu sagen.« Simon entgegnete: »Lehrer,
sprich!«

Jesus fuhr fort und erzählte eine Geschichte von zwei Männern,
die einem Gläubiger Geld schuldeten. Einer der Männer hatte einen
gewaltigen Betrag an Schulden – mehr als er je hätte zurückzahlen
können. Der andere stand in der Schuld einer unbedeutenden
Summe, aber er verfügte nicht einmal über die finanziellen Mittel,
um diesen kleinen Betrag zurückzuerstatten. Der Schuldner erließ
beiden die Schuld. Jesus fragte: »Wer nun von ihnen wird ihn am
meisten lieben?«

Simon antwortete, wie wir es erwartet hätten: »Ich denke, dem
er das Meiste geschenkt hat.«

»Du hast recht geurteilt.«, entgegnete Jesus. Daraufhin forderte er den Pharisäer auf, sich darauf zu besinnen, was sich gerade zuvor in seinem eigenen Haus ereignet hatte. Jesus wollte Simon helfen, das gehörte Gleichnis auf sein Leben anzuwenden. Simon hatte Jesus nicht mit der allgemein üblichen Höflichkeit behandelt, ganz zu schweigen von dem Respekt, den man einem Ehrengast normalerweise entgegenbringen würde. Er hatte Jesus kein Wasser zum Waschen seiner Füße bereitgestellt, er hatte Jesus nicht mit einem Kuss begrüßt (was heutzutage einem Händedruck entspricht) und hatte ihm den Kopf nicht mit Öl gesalbt.

Die Frau hingegen, die eine Ausgestoßene und mit dem Versagen ihrer Vergangenheit und Scham behaftet war, hatte Jesu Füße mit ihren Tränen gewaschen und mit ihrem Haar abgetrocknet. Sie hatte seine Füße geküsst und mit Öl gesalbt.

Da dieser Frau so große Sünde vergeben worden war, wusste sie, wie tief sie in Jesu Schuld stand. Sie liebte Jesus innig. Simon brauchte genauso dringend wie sie Vergebung. Sein Herz aber war blind vor Arroganz. Er realisierte nicht, welch großer Sünder er war und wie sehr er auf Vergebung angewiesen war. Folglich war er auch nicht fähig, die Art von Anbetung und Liebe zum Ausdruck zu bringen, mit der diese Frau Jesus überschüttet hatte.

Noch während ich diese Bibelstelle erneut lese, muss ich feststellen, dass meine eigene Beziehung zum Herrn Jesus und meine Reaktionen oft mehr denen von Simon gleichen als denen der »Sünderin«. Die Kälte, Gleichgültigkeit und Härte in meinem Herzen sind bedauerlich. Ich sehne mich danach, fähig zu sein, diese spontane, teure Liebe und Demut zu zeigen, die aus einem zerbrochenen und zerschlagenen Herzen ausströmen – einem Herzen, das sich der Größe der eigenen Sünde und der unvergleichlichen Größe seiner Gnade bewusst ist.

Zwei Söhne und ihr Vater

Zu Beginn von Lukas 15 werden uns zwei verschiedene Arten von Zuhörern genannt, die zu Jesus kommen: »*Es nahten aber zu ihm alle* **Zöllner und Sünder**, *ihn zu hören; und* **die Pharisäer und die Schriftgelehrten** *murrten und sprachen: Dieser nimmt Sünder auf und isst mit ihnen. Er sprach aber zu ihnen dieses Gleichnis ...*« (Verse 1-3).

Unter den Zuhörern von Jesus gab es immer Menschen, die sich ihrer sündigen Natur bewusst waren. Sie wurden von Jesus und seiner Lehre wie ein Magnet angezogen. Sie hingen an Jesu Lippen, weil seine Botschaft ihre einzige Hoffnung war. Da war aber auch eine andere Gruppe von Zuhörern, die sich mehr im Hintergrund hielt. Obschon diese religiösen Männer dieselbe sündige Natur besaßen, leugneten sie diese Tatsache. Sie taten stattdessen, was stolze und nicht innerlich zerbrochene Menschen gewöhnlich tun, wenn sie mit der Wahrheit konfrontiert werden: Sie kritisierten und ließen kein gutes Haar an der Botschaft und ihrem Überbringer: »*Ist das denn die Möglichkeit –* dieser Mensch heißt *Sünder* willkommen! Er *isst* sogar mit ihnen!« Sie weigerten sich nicht nur, sich selbst als Sünder zu sehen, die auf Gottes Gnade angewiesen sind, sondern verachteten andere Menschen sogar. Sie ertrugen den Gedanken nicht, genauso schuldig zu sein wie die, die in ihren Augen ganz gewöhnliche Sünder waren. Diese religiösen, stolzen Personen blieben auf Distanz zu anderen Menschen.

In dem Bemühen, ihre stolzen, selbstgerechten Herzen bloßzustellen, erzählte Jesus drei Gleichnisse; zuerst das vom verlorenen Schaf, dann das von der verlorenen Drachme und zuletzt das vom verlorenen Sohn.

Im Gleichnis vom verlorenen Sohn werden uns im Grunde zwei

verlorene Söhne vor Augen geführt – zwei junge Männer, deren Reaktion ihre wahre Herzenshaltung offenbart. Der jüngere Sohn, gewöhnlich als der »verlorene Sohn« bezeichnet, missbrauchte seinen Familiennamen und brachte sein Erbe durch. Als er schließlich alles verloren hatte, wurde ihm bewusst, was er getan und wohin es ihn geführt hatte.

Er war allein und litt Not, er war wirklich innerlich zerbrochen. Da er keinen Ausweg mehr sah, fasste er den Entschluss, Buße zu tun. Er wählte den Weg des Zerbruchs und der Demütigung. Er traf die schwere Entscheidung, zu dem Ort zurückzukehren, an dem sein Versagen den Anfang genommen hatte, um sich mit denen zu versöhnen, denen er Unrecht getan hatte.

Für diesen innerlich zerbrochenen, reuevollen Sohn gab es keine Selbstrechtfertigung, keine Beschönigung seines Verhaltens, kein Kleinreden seiner Sünde, keine Ausreden, keine Schuldzuweisung an andere, keine Erwartung, fürstlich behandelt zu werden. Er wusste, dass er nichts zu bringen hatte außer einem ehrlichen Eingeständnis seines Versagens und der bescheidenen Bitte um Vergebung.

Die Reaktion des Vaters ist ein kraftvolles und ergreifendes Bild dafür, wie unser himmlischer Vater uns willkommen heißt, wenn wir in aufrichtiger Reue zu ihm kommen. Das musste gefeiert werden – der einst hochmütige Rebell war als innerlich zerbrochener und demütiger Sünder nach Hause zurückgekehrt.

Es handelt sich hier um eine großartige Geschichte mit einem großartigen Ende.

Aber erinnern wir uns daran, dass sich in der Zuhörermenge an jenem Tag zwei verschiedene Typen von Menschen befanden. Den Zöllnern und Sündern musste diese Geschichte zusagen, da sie von Hoffnung, Vergebung und Gnade sprach. Was aber dachten die Pharisäer und die Schriftgelehrten? Konnten sie nachvollziehen, dass einem so unwürdigen Menschen solch eine große Gnade erwiesen worden war? Stellten sie vielleicht Vermutungen an, auf welchen der Zuhörer diese Geschichte anwendbar sei?

Jesus war noch nicht zum Ende gekommen. Genauso wie es zwei verschiedene Arten von Zuhörern gab, waren es auch zwei Söhne in der Geschichte. Wo war der ältere Bruder des verlorenen Sohnes, während dieser gefeiert wurde? Er hielt sich genau dort auf, wo wir es vermutet hätten – draußen auf dem Feld. Er ging treu seiner Aufgabe nach und arbeitete hart. Wir treffen hier auf den Stereotypen des gehorsamen, gefälligen und anständigen Erstgeborenen. (Das kommt mir bekannt vor. Auch ich war die Älteste zu Hause.)

Dieser Sohn hatte seinem Vater nicht einen Moment lang Anlass zum Kummer gegeben, schon gar nicht im Vergleich zu seinem freidenkenden Bruder. Er war nie rebellisch gewesen, zumindest nicht nach außen hin. Gott jedoch lässt sich nicht durch den äußeren Anschein beeindrucken, sondern schaut ins *Herz*. Eine Feier für den reuevollen Bruder, der zurückgekehrt war, war der perfekte Schauplatz, um die Motive und Einstellungen des älteren Bruders aufzudecken.

Als der ältere Sohn sich dem Haus näherte, hörte er Musik und die Stimmen tanzender Leute. Was in aller Welt ging dort vor sich? Seit sein rebellischer, jüngerer Bruder von zu Hause weggegangen war, hatte es an diesem Ort kein Fest mehr gegeben. Anstatt zu seinem Vater zu gehen (Könnte dies nahelegen, dass er keine sehr enge Beziehung zu seinem Vater hatte, obwohl er ein »Mustersohn« war?), rief er einen Diener und erkundigte sich, was dort los sei.

Der Diener sagte ihm die Wahrheit direkt ins Gesicht: »Dein Bruder ist nach Hause zurückgekehrt, und dein Vater feiert ein Fest für ihn.« Unglücklicherweise versäumte der Diener, den eigentlichen Anlass für das Fest zu erwähnen – nämlich dass der jüngere Bruder sich verändert hatte und zu einem zerschlagenen, demütigen Sohn geworden war.

Nun offenbarte sich langsam das wahre Wesen des Älteren: »*Er aber wurde zornig und wollte nicht hineingehen*« (Vers 28). Das ist eine sehr typische Reaktion von stolzen, nicht zerbrochenen Menschen. Sie können sich über bußfertige Sünder nicht freuen. Sie sehen ausschließlich ihre eigenen Rechte und Erwartungen. Und werden sie nicht so behandelt, wie sie meinen es verdient zu haben, vergehen sie in Selbstmitleid.

Mitten in der Feier für seinen zurückgekehrten verlorenen Sohn erreichte den Vater die Nachricht vom Boykott seines älteren Sohnes. Er verließ sofort die Feier, um sich um seinen älteren, aufgebrachten Sprössling zu kümmern.

Meines Wissens wurde es in der alten jüdischen Kultur so gehalten, dass sobald der Hausherr die Feier verließ, Musik und Tanz aussetzten, bis er zurückgekehrt war. Ist dies nicht ein Bild dafür, was sich heute in so vielen unserer Gemeinden ereignet? Da ist keine Freude und kein Fest, wenn verlorene Sünder umgekehrt sind. Der Pastor und die Ältesten sind so sehr mit kleinlichen, schmollenden »Pharisäern« beschäftigt, die sich beleidigt zurückziehen, wenn man ihren Vorstellungen nicht folgt.

Der Stolz, die Selbstgerechtigkeit und Blindheit im Herzen des älteren Sohnes treten schließlich ungeschminkt ans Tageslicht, als er der Aufforderung, doch mitzufeiern, wütend und anklagend entgegnet: »*Siehe, so viele Jahre diene ich dir* [aus welchem Motiv heraus diente er?], *und niemals habe ich ein Gebot von dir übertreten* [war er tatsächlich so vollkommen?]; *und mir hast du niemals ein Böcklein gegeben, dass ich mit meinen Freunden fröhlich wäre* [wie undankbar – zumindest gehörte die Hälfte des Erbes bereits ihm]; *da aber dieser dein Sohn gekommen ist* [nicht *mein Bruder*, sondern *dein*

Sohn], der deine Habe mit Huren durchgebracht hat [Wer sagt das? Er geht vom Schlimmsten aus], *hast du ihm das gemästete Kalb geschlachtet«* (Verse 29-30).

Unter dem scheinbar perfekten Äußeren des älteren Sohnes wucherte ein dunkles, krebsartiges Geschwür aus Zorn, Rebellion und Neid, das durch verborgene, unerfüllte Erwartungen genährt wurde. Dieser junge Mann besaß ein übersteigertes Selbstwertgefühl und den geheimen Wunsch nach Anerkennung. Beides tauchte an der Oberfläche auf, als sein Bruder, den er gering achtete, überströmende Gnade empfing.

Die Anwendung dieses Gleichnisses auf die Pharisäer, die sich an jenem Tag in der Zuhörermenge aufhielten, liegt auf der Hand. Ich frage mich jedoch, ob sie dieselbe Sichtweise hatten. Oder waren sie so blind vor Stolz, dass sie nicht bemerkten, dass Jesu Beschreibung des älteren Bruders genau auf sie passte? Wie blind sind wir in Bezug auf unsere Bedürftigkeit – erkennen wir bei einem Blick in den Spiegel in uns den »älteren Bruder«?

Innerlich zerbrochen oder nicht?

Wir haben über vier biblische Geschichten nachgedacht. Wir haben vier Personen kennengelernt, die demütig und innerlich zerbrochen waren, und vier Personen oder Personengruppen, die stolz und innerlich nicht zerbrochen waren. Ist es reiner Zufall, dass in allen vier Fällen die stolzen Menschen Respektspersonen in gehobener Position waren oder eine sehr große Verantwortung trugen?

Je mehr Macht, Einfluss und Reichtum wir besitzen – und folglich je mehr Menschen zu uns aufschauen –, desto anfälliger sind wir für Stolz und Selbsttäuschung und desto mehr neigen wir dazu, unsere eigene geistliche Bedürftigkeit und unseren Mangel nicht zu erkennen. Haben wir erst einmal eine Position erreicht, von der aus wir unseren Einfluss geltend machen können, wollen wir unseren Ruf aufrechterhalten. Wir meinen, viel zu verlieren, wenn wir uns unsere wirklichen geistlichen Defizite ehrlich eingestehen würden. Für viele von uns stellt das leise Vordringen von Stolz eine größere Gefahr dar als jede andere Art von Schwäche und lässt uns für Gott und andere Menschen nutzlos werden.

Mit welchem dieser stolzen oder innerlich zerbrochenen Charaktere identifizieren Sie sich am meisten? Sehen Sie eine Verbindung zu König David, der die Ehe bricht? Zu dem Zöllner, der betrügt? Zu der in Promiskuität lebenden Frau? Zum verlorenen Sohn, der seinen Begierden freien Lauf lässt und sein Leben mit Frauen durchbringt? »Weder noch«, werden Sie antworten. »So etwas würde ich niemals tun!«

Dann identifizieren Sie sich eher mit dem stolzen König Saul? Oder den selbstgerechten Pharisäern? Oder dem älteren Bruder?

In wessen Gesellschaft fühlte Jesus sich Ihrer Meinung nach am wohlsten? Obwohl die Pharisäer seiner Zeit es skandalös und unerhört fanden, und »die Pharisäer« heutzutage es noch immer so empfinden, fühlte Jesus sich immer zu den Menschen hingezogen, deren Sünden sehr gravierend schienen (aus menschlicher Sicht), die aber bußfertig waren. Andererseits wurde er abgestoßen von Menschen, die sich als vollkommene Heilige ausgaben, deren Herz jedoch stolz und nicht zerbrochen war.

Könnte es sein, dass Gott eher Anstoß nimmt an scheinbar anständigen und geistlichen Menschen, die aber stolz und unbelehrbar sind, als an Ehebrechern, Prostituierten, Homosexuellen, Menschen, die abtreiben, oder Pornographen, die keinen Anspruch erheben, fromm zu sein? Es ist schlicht und ergreifend Tatsache, dass stolze, nicht zerbrochene Christen der Gemeinde Jesu Christi viel mehr Schaden zugefügt haben, als irgendwelche anderen Sünder außerhalb der Gemeinde es je tun könnten.

Wenn wir uns so sehr auf die Bedürftigkeit und Schwäche derer konzentrieren, die wir für weniger geistlich halten, und uns ständig damit beschäftigen, unser Image zu pflegen und zu erhalten, laufen wir Gefahr, das Zentrum des Evangeliums und die Gnade Jesu zu verfehlen.

Der Aufruf zur Buße gilt also nicht nur Ehebrechern und verlorenen Söhnen. Er gilt genauso den älteren Brüdern und Pharisäern und angesehenen Personen mit Leitungsaufgaben. Die gute Nachricht lautet: Gott ist für jeden erreichbar, der seinen Stolz ablegt und das Opfer eines zerbrochenen, zerschlagenen Herzens bringt. Dabei spielt es keine Rolle, in welche Kategorie von Menschen wir uns gerade einreihen.

Kapitel 4

Bin ich ein stolzer oder ein zerbrochener Mensch?

*»Stolz ist das größte aller Übel,
das uns heimsucht und
von allen unseren Feinden derjenige,
der am langsamsten und schwierigsten stirbt.«*

J. N. Darby[1]

Vor Jahren diente ein Missionar in einer Region Afrikas, die Zeiten echter Erweckung erlebt hatte. Er erzählte, dass immer wenn er den Namen eines Christen erwähnte, die dortigen Christen fragten: »Ist dieser Christ innerlich zerbrochen?« Sie fragten nicht: »Ist er hingegeben?«, oder: »Hat er großes Bibelwissen?«, oder: »Arbeitet er hart?« Sie wollten wissen, ob dieser Christ innerlich zerbrochen war.

Sind Sie ein innerlich zerbrochener Christ? Bin ich es? Wie kann ich mir Klarheit verschaffen?

Ich habe die Jahre über den Herrn immer wieder gebeten, mir einige Charakteristika eines innerlich zerbrochenen Menschen zu zeigen im Gegensatz zu den Merkmalen einer stolzen Person. Ich habe den Herrn ebenso gebeten, mein eigenes Herz zu erforschen.

Im Folgenden habe ich in Form eines Vergleichs »stolz versus innerlich zerbrochen« ein paar Charakteristika aufgeführt. Es handelt sich dabei keinesfalls um eine vollständige Liste. Der Herr wird Ihnen ohne Zweifel weitere Merkmale zeigen, wenn Sie bereit sind, ihm ihr Herz zu öffnen.

Ich möchte Sie bitten, nicht der Versuchung zu erliegen, diese Liste nur zu überfliegen. Nehmen Sie sich Zeit, sie unter Gebet genau zu lesen und Gott zu bitten, Ihnen zu zeigen, ob Sie ein stolzer oder innerlich zerbrochener Mensch sind. Es kann eine Hilfe sein, diejenigen Aussagen über stolze Menschen zu markieren, die Sie in Ihrem eigenen Leben wiederfinden. Das kann bereits ein wichtiger Schritt sein, um ein zerbrochenes und demütiges Herz zu entwickeln, das Gott erweckt.

Einstellung gegenüber anderen Menschen

1. STOLZE MENSCHEN KONZENTRIEREN SICH AUF DIE SCHWÄCHEN ANDERER UND WEISEN IMMER WIEDER DARAUF HIN.

   Innerlich zerbrochene Menschen sind sich mehr ihrer eigenen geistlichen Bedürftigkeit bewusst als der von anderen Menschen.

2. STOLZE MENSCHEN BESITZEN EINEN KRITISCHEN GEIST, DER STÄNDIG ETWAS AUSZUSETZEN HAT. SIE BETRACHTEN DIE FEHLER ANDERER MIT EINEM MIKROSKOP, IHRE EIGENEN FEHLER JEDOCH MIT EINEM TELESKOP.

   Innerlich zerbrochene Menschen sind mitfühlend - sie schenken die Art von Liebe, die über eine Vielzahl von Sünden hinweg sieht. Sie können viel vergeben, da sie wissen, dass ihnen selbst viel vergeben wurde.

3. STOLZE MENSCHEN NEIGEN BESONDERS DAZU, ANDERE ZU KRITISIEREN, DIE POSITIONEN MIT AUTORITÄT BEKLEIDEN – IHREN PASTOR, IHREN CHEF, IHREN EHEMANN, IHRE ELTERN. SIE REDEN VOR ANDEREN ÜBER DIE FEHLER, DIE SIE SEHEN.

   Innerlich zerbrochene Menschen erweisen denen, die Gott in Positionen mit Autorität gestellt hat, Ehrerbietung; sie ermutigen sie und richten sie auf. Sie legen Fürsprache für diese Menschen vor Gott ein, anstatt über die Fehler zu reden, die sie bei ihnen entdecken.

4. STOLZE MENSCHEN SIND SELBSTGERECHT. SIE DENKEN HOCH VON SICH UND SCHAUEN AUF ANDERE HERAB.

   Innerlich zerbrochene Menschen denken vom anderen das Beste. Sie sehen andere höher an als sich selbst.

5. STOLZE MENSCHEN BESITZEN EINEN UNABHÄNGIGEN, SELBSTGERECHTEN GEIST.

   Innerlich zerbrochene Menschen besitzen einen abhängigen Geist. Sie erkennen, dass sie auf Gott und andere Menschen angewiesen sind.

Einstellung bezüglich der eigenen Rechte

6. STOLZE MENSCHEN MEINEN, BEWEISEN ZU MÜSSEN, DASS SIE RECHT HABEN – SIE HABEN IMMER DAS LETZTE WORT.

   Innerlich zerbrochene Menschen sind bereit, auf ihr Recht zu verzichten.

7. STOLZE MENSCHEN BESTEHEN AUF IHREM RECHT UND SIND FORDERND.

   Innerlich zerbrochene Menschen treten ihre Rechte ab und sind sanftmütig.

8. STOLZE MENSCHEN SIND ÜBERMÄßIG BESORGT UM IHRE EIGENE ZEIT, IHRE RECHTE UND IHREN RUF.

   Innerlich zerbrochene Menschen verleugnen sich selbst und opfern sich auf.

Einstellung zu Dienst und Aufgaben im geistlichen Bereich

9. STOLZE MENSCHEN WERDEN GERNE BEDIENT – SIE WÜNSCHEN, DASS SICH ALLES UM SIE UND IHRE BEDÜRFNISSE DREHT.

   Innerlich zerbrochene Menschen sind motiviert, anderen Menschen zu dienen und deren Bedürfnisse vor ihre eigenen zu stellen.

10. STOLZE MENSCHEN MÖCHTEN ERFOLGREICH SEIN.

   Innerlich zerbrochene Menschen möchten sich als treu erweisen und anderen zum Erfolg verhelfen.

11. STOLZE MENSCHEN SIND DER ANSICHT – BEWUSST ODER UNBEWUSST –, DASS IHRE GEMEINDE (ODER ORGANISATION) PRIVILEGIERT IST, WEIL SIE IHR MIT IHREN GABEN DIENEN. SIE KONZENTRIEREN SICH DARAUF, WAS SIE FÜR GOTT TUN KÖNNEN.

   Innerlich zerbrochene Menschen haben eine andere Herzenshaltung: »Ich verdiene es nicht, Anteil an diesem Dienst zu haben.« Sie wissen, dass sie Gott nichts zu bringen haben außer dem Leben Jesu, das durch ihr zerbrochenes Leben hindurchfließt.

Einstellung in Bezug auf Anerkennung

12. STOLZE MENSCHEN WOLLEN VORWÄRTSKOMMEN.

   Innerlich zerbrochene Menschen möchten andere fördern.

13. STOLZE MENSCHEN WOLLEN FÜR IHRE BEMÜHUNGEN UNBEDINGT ANERKANNT UND GESCHÄTZT WERDEN.

   Innerlich zerbrochene Menschen empfinden ihre eigene Unwürdigkeit. Sie sind fasziniert von dem Gedanken, dass Gott sie überhaupt gebrauchen kann.

14. STOLZE MENSCHEN SIND VERLETZT, WENN ANDERE MENSCHEN GEFÖRDERT UND SIE SELBST ÜBERSEHEN WERDEN.

   Innerlich zerbrochene Menschen wünschen, dass andere Menschen Anerkennung erhalten. Sie freuen sich, wenn andere erhoben werden.

15. STOLZE MENSCHEN SIND BEGEISTERT, WENN SIE GELOBT WERDEN, UND NIEDERGESCHLAGEN, WENN SIE KRITIK ERFAHREN.

    Innerlich zerbrochene Menschen wissen, dass jede Anerkennung für ihre Leistungen dem Herrn zusteht und Kritik ihnen helfen kann, an geistlicher Reife zuzunehmen.

Einstellung zu sich selbst

16. STOLZE MENSCHEN SIND ÜBERZEUGT DAVON, DASS SIE VIELE DINGE KÖNNEN.

    Innerlich zerbrochene Menschen erkennen in Demut, wie viel sie noch zu lernen haben.

17. STOLZE MENSCHEN SIND BEFANGEN, SIE HABEN ANGST DAVOR, WAS ANDERE VON IHNEN DENKEN.

    Innerlich zerbrochene Menschen beschäftigen sich nicht damit, was andere von ihnen denken.

18. STOLZE MENSCHEN SIND AUF EINE KORREKTE ÄUßERE ERSCHEINUNG BEDACHT. SIE FÜHLEN SICH STÄNDIG GETRIEBEN, IHR IMAGE UND IHREN RUF ZU WAHREN.

    Innerlich zerbrochene Menschen sind darauf bedacht, echt zu sein. Es kümmert sie weniger, was andere denken, als was Gott denkt. Sie sind bereit, ihren eigenen Ruf aufzugeben.

19. STOLZE MENSCHEN KÖNNEN ES NICHT ERTRAGEN, WENN SIE VERSAGEN ODER JEMAND VON IHNEN DENKT, SIE SEIEN NICHT PERFEKT. DAS KANN ZU EXTREMEN VERHALTENSWEISEN FÜHREN: TENDENZ ZUM WORKAHOLIC; PERFEKTIONISMUS; TENDENZ, ANDERE HART HERANZUNEHMEN ODER UNREALISTISCHE ERWARTUNGEN AN SICH SELBST ODER ANDERE ZU HABEN.

Innerlich zerbrochene Menschen erkennen von Gott gegebene Einschränkungen an und können damit leben.

Einstellung zu Beziehungen

20. STOLZE MENSCHEN HALTEN ANDERE AUF DISTANZ.

    Innerlich zerbrochene Menschen sind bereit, das Risiko einzugehen, eine enge Beziehung aufzubauen und andere inniglich lieb zu haben.

21. STOLZE MENSCHEN SCHREIBEN DIE SCHULD SCHNELL ANDEREN ZU.

    Innerlich zerbrochene Menschen übernehmen persönlich Verantwortung und geben zu, wenn sie sich in einer Situation falsch verhalten haben.

22. STOLZE MENSCHEN ERWARTEN, DASS DER ANDERE KOMMT UND UM VERGEBUNG BITTET, WENN EIN MISSVERSTÄNDNIS VORLIEGT ODER MAN EINANDER VERLETZT HAT.

    Innerlich zerbrochene Menschen ergreifen die Initiative, um Versöhnung herbeizuführen. Dabei spielt es keine Rolle, wie schlecht der andere sich verhalten hat.

23. STOLZE MENSCHEN SIND UNZULÄNGLICH UND ABWEHREND, WENN MAN SIE KORRIGIERT.

    Innerlich zerbrochene Menschen sind offen für Korrektur und demütig.

24. STOLZE MENSCHEN HABEN SCHWIERIGKEITEN, MIT ANDEREN ÜBER IHRE GEISTLICHEN NÖTE ZU REDEN.

    Innerlich zerbrochene Menschen sind bereit, offen mit anderen Menschen umzugehen und für sie transparent zu sein, so wie Gott es möchte.

25. STOLZE MENSCHEN VERSUCHEN, ANDERE MENSCHEN UND UMSTÄNDE ZU KONTROLLIEREN. SIE NEIGEN ZUR MANIPULATION.

    Innerlich zerbrochene Menschen vertrauen Gott. Sie ruhen in ihm und können abwarten, bis er für sie handelt.

26. STOLZE MENSCHEN SIND BITTER UND VERÄRGERT, WENN SIE UNRECHT HABEN. SIE HABEN EMOTIONALE WUTAUSBRÜCHE. SIE GÄNGELN ANDERE MENSCHEN UND SIND LEICHT BELEIDIGT. SIE HEGEN GROLL GEGEN ANDERE UND FÜHREN BUCH ÜBER JEDE UNGERECHTE BEHANDLUNG, DIE IHNEN ZUGEFÜGT WURDE.

    Innerlich zerbrochene Menschen bringen in allem ihren Dank zum Ausdruck. Sie vergeben gerne denen, die ihnen Unrecht getan haben.

Einstellung zur Sünde

27. STOLZE MENSCHEN MÖCHTEN UNTER KEINEN UMSTÄNDEN, DASS JEMAND ERFÄHRT, WENN SIE GESÜNDIGT HABEN. SIE VERBERGEN IHRE SÜNDE INSTINKTIV.

    Innerlich zerbrochene Menschen machen sich wenig Gedanken darum, wer ihre Sünden kennt oder sie ans Tageslicht bringt. Sie sind bereit, sich zu offenbaren, weil sie nichts zu verlieren haben.

28. STOLZE MENSCHEN TUN SICH SEHR SCHWER, IHRE FEHLER ZUZUGEBEN UND UM VERZEIHUNG ZU BITTEN.

    Innerlich zerbrochene Menschen geben ihr Versagen bereitwillig zu und bitten, wenn nötig, um Vergebung.

29. STOLZE MENSCHEN NEIGEN DAZU, SICH ALLGEMEIN ZU FASSEN, WENN SIE ÜBER IHRE SÜNDEN BUßE TUN (»LIEBER HERR, BITTE VERGIB MIR ALLE

MEINE SÜNDEN ...«) ODER IHRE GEISTLICHEN NÖTE ANDEREN CHRISTEN GEGENÜBER ÄUSSERN (»ICH MUSS EIN BESSERER CHRIST WERDEN ...«).

Innerlich zerbrochene Menschen sind in der Lage, nähere Einzelheiten zu formulieren, wenn sie dem Herrn ihre Sünden bekennen: »Herr, ich stimme dir zu, dass ich mich selbst mehr als meinen Mann liebe; ich gebe zu, dass ich fernsehsüchtig bin; ich leide unter Fresssucht; ich bin sehr kritisch; ich bin als Mutter oft ungehalten ...«

30. STOLZE MENSCHEN SIND BESORGT ÜBER DIE KONSEQUENZEN IHRER SÜNDE. SIE SIND BEUNRUHIGT WEGEN DER PROBLEME, DIE IHRE SÜNDE MIT SICH GEBRACHT HAT – ZUM BEISPIEL DIE FINANZIELLE BINDUNG, VERURSACHT DURCH ZU HOHE AUSGABEN; DIE AUS EGOISMUS UND UNMORALISCHEM VERHALTEN RESULTIERENDEN PROBLEME IN IHRER EHE.

    Innerlich zerbrochene Menschen sind betrübt über die Ursache oder Wurzel ihrer Sünde. Die Probleme, die ihre Sünde in ihrem Leben verursacht hat, bereiten ihnen weniger Sorgen als die Tatsache, Gott traurig gemacht und entehrt zu haben.

31. STOLZE MENSCHEN SPÜREN REUE AUFGRUND IHRER SÜNDE – TRAUER DARÜBER, DASS SIE ENTDECKT WORDEN SIND.

    Innerlich zerbrochene Menschen empfinden echte Reue in Hinblick auf ihre Sünde. Der Beweis ihrer Reue ist das Entsagen der Sünde.

Einstellung zum Wandel mit Gott

32. STOLZE MENSCHEN ERKENNEN IHREN WAHREN HERZENSZUSTAND NICHT.

    Innerlich zerbrochene Menschen wandeln im Licht und gestehen sich die Wahrheit über ihr Leben ein.

33. STOLZE MENSCHEN VERGLEICHEN SICH MIT ANDEREN UND MEINEN, RESPEKT VERDIENT ZU HABEN.

    Innerlich zerbrochene Menschen vergleichen sich mit der Heiligkeit Gottes und erkennen, wie dringend sie auf seine Gnade angewiesen sind.

34. STOLZE MENSCHEN SIND NICHT DER MEINUNG, IRGENDETWAS BEREUEN ZU MÜSSEN.

    Innerlich zerbrochene Menschen sind sich bewusst, dass sie stets eine Herzenshaltung der Reue haben sollten.

35. STOLZE MENSCHEN SIND DER MEINUNG, SIE SELBST BENÖTIGTEN KEINE ERWECKUNG, WOHL ABER ALLE ANDEREN. (GENAU DIESEN LEUTEN WERDEN JETZT WAHRSCHEINLICH PERSONEN DURCH DEN KOPF GEHEN, DIE DAS VORLIEGENDE BUCH LESEN SOLLTEN!)

    Innerlich zerbrochene Menschen verspüren immer wieder die Notwendigkeit, Gott neu zu begegnen und sich von seinem Geist neu füllen zu lassen.

Sind Sie ein »innerlich zerbrochener Christ«? Wie würden Sie diese Frage mit Hilfe der eben genannten Punkte beantworten? Wie würden Ihre Familienmitglieder oder Ihre Kollegen am Arbeitsplatz auf die Frage antworten, ob Sie ein innerlich zerbrochener Christ sind? Am allerwichtigsten jedoch ist die Antwort, die Gott auf diese Frage geben würde.

Bitte verzweifeln Sie nicht, wenn Sie auf Grund dieser Liste erkannt haben, dass Sie eher eine stolze als innerlich zerbrochene Person sind. Gott war gnädig und hat Ihnen gezeigt, dass eine Veränderung Ihrer Herzenshaltung nötig ist. Der erste Schritt in Richtung Zerbruch und Demut besteht darin, dass Sie aufrichtig sind und sich ihre Not eingestehen. Wandeln Sie im Licht. Akzeptieren Sie, wie Gott sich Ihre wahre Herzenshaltung vorstellt. Versuchen Sie nicht, etwas zu verheimlichen, sich zu rechtfertigen, zu rationalisieren, sich mit Ihrem Partner zu vergleichen oder vorzugeben, besser dazustehen, als Sie eigentlich sind. *Demütigt euch vor dem Herrn, und er wird euch erhöhen*« (Jak 4,10). Die unermesslichen Reichtümer und der ungeheuer große Segen des Reiches Gottes wird denen zuteil, die ihre geistliche Armut erkennen.

Kapitel 5

Der Segen des Zerbruchs

»Ein innerlich zerbrochener Mensch ...
wird entdecken, dass ihm alle Schätze des Himmels
und alle Kraft des Heiligen Geistes zur Verfügung stehen.
Da die Reichtümer des Himmels und die Kraft
des Heiligen Geistes unerschöpflich sind,
wird er niemals Mangel leiden.«

Jennifer Kennedy Dean[1]

Insgesamt gesehen, führten Brian und Melanie Adams eine gute Ehe. Sie waren beide gläubig, sie waren füreinander da, und sie versuchten, ihre acht Kinder zu einem Leben mit Christus anzuleiten. Die anfangs erlebte Intimität jedoch hatte während ihrer 19 Ehejahre stetig abgenommen. Melanie sagt: »Der Abstand am Esstisch zwischen uns ist mit jedem Kind größer geworden. Ich war fast so weit zu glauben, dass wir nie mehr die Nähe erleben würden, nach der wir beide uns sehnten und die wir so dringend benötigten.«

Als sie Gelegenheit hatten, an einem Ehe-Wochenend-Seminar teilzunehmen, hoffte Melanie, dass es genau das sein würde, was sie brauchten. Ihrer »bescheidenen« Meinung nach hatte ihr Mann es nötig, auf einigen Gebieten an sich zu arbeiten. Und dazu kam ein Eheseminar sehr gelegen!

Am zweiten Tag des Seminars sprach der Redner über das Thema Bitterkeit und die Notwendigkeit des inneren Zerbruchs und der Demut. Als Melanie und Brian im Anschluss an den Vortrag zurück auf ihr Zimmer gingen, überlegte Melanie bereits, mit welchen Worten sie ihren Mann überzeugen konnte, dass auch er inneren Zerbruch nötig hatte.

Was dann geschah, kann man nur als Wirken des Geistes Gottes in Melanies Herzen beschreiben. Sie schreibt: »Gott begann, die verschiedenen Schichten meines Herzens freizulegen. Was dann zum Vorschein kam, war nicht sehr schön: Bitterkeit, Herzenshärte, Hass, Rebellion und allem voran eine Abhängigkeit von meiner Selbstgerechtigkeit und ein tiefliegender Stolz, der alles erstickte.«

Nachdem Gott Melanie ihre wahre Herzenseinstellung gezeigt hatte, begann sie zu weinen. Schluchzer der Trauer und Verzweiflung durchzogen ihren Körper. Ihr schockierter Ehemann drückte sie fest an sich, während sie ihr Bekenntnis unter Tränen hervorbrachte. Ihr Geist wurde von Stolz und Selbstgerechtigkeit gereinigt, ähnlich einer entzündeten Wunde, die man drainiert.

In diesem Zustand der Demut und des inneren Zerbruchs vor Gott und ihrem Ehemann bat Melanie Gott, ihr Herz aus Stein durch ein Herz aus Fleisch zu ersetzen. Was als Nächstes passierte, beschreibt sie folgendermaßen: »Ich spürte, wie Gott in seiner Gnade in meinem Herzen wirkte wie ein erfrischender, reinigender Wind. Meine Tränen der Schmerzen verwandelten sich in Tränen der Freude, Vergebung und Freiheit. Gott hatte mich seine Herrlichkeit erkennen lassen – ich werde nie mehr derselbe Mensch sein wie früher. Niemals.«

Warum sollte irgendjemand freiwillig bereit sein, sich innerlich zerbrechen zu lassen? Warum sollte ein Mann sich in ein Krankenhaus begeben und zulassen, dass der Chirurg seinem Körper eine Schnittwunde zufügt? Weil er gerne leidet? Nein, sondern weil er weiß, dass nur ein chirurgischer Eingriff zur Heilung und Wiederherstellung seines Körpers führt. Was bewegt eine Frau dazu, bei einer Geburt bereitwillig viele Stunden intensiver Anstrengung auf sich zu nehmen? Das Wissen, dass über die Arbeit hinaus die Freude eines neuen Lebens auf sie wartet.

Warum also sollte irgendjemand den Weg des Zerbruchs wählen? Weil – und so hat Melanie es entdecken dürfen – *Zerbruch zum Segen führt.* Jesus sagte: »**Glückselig** *die Armen im Geist*«. Anders als wir erwarten würden, führt Zerbruch zum Segen! Es gibt keine anderen Wege; es gibt keine Abkürzungen. Genau das, wovor wir Angst haben und gegen das wir uns wehren, ist der Weg, Gottes größten Segen in unserem Leben zu empfangen. Welche Art von Segen bringt innerer Zerbruch mit sich?

Gott kommt den innerlich Zerbrochenen nahe

Wir lesen immer wieder in der Bibel, dass Gott »*den Hochmütigen widersteht*« (vgl. Spr 3,34; Jak 4,6; 1Petr 5,5). Das bedeutet, er begibt sich »in die Schlachtreihen« gegen die Hochmütigen; er entwaffnet die Arroganten; er hält Abstand zu ihnen. Gott weist die ab, die selbstgefällig und übertrieben stolz auf ihre Leistungen sind.

Auf der anderen Seite gießt er seine Gnade über den Demütigen aus. So wie ein Krankenwagen sich auf Grund eines Notrufs zum Ort des Geschehens begibt, so ist Gott vor Ort, wenn seine Kinder sich demütigen und sich ihre Bedürftigkeit eingestehen. Charles Spurgeon erinnert uns: »Jeder, der sich demütig dem Willen Gottes ausliefert, wird reich gemacht, erhoben, gehalten und getröstet werden von dem immer gütigen Herrn. Der Herr hat die Angewohnheit, die Stolzen niederzustrecken und die Geringen zu erheben.«[2]

Ich habe immer und immer wieder erlebt, wie Gott seine Gnade auf meine Bedürftigkeit hin gelenkt hat. Ich erinnere mich an einen besonderen Tag, an dem ich mitten in einer besonders anstrengenden Zeit des Dienstes physisch und emotional völlig zusammenbrach. Ich war gerade dabei, meinen Koffer für eine weitere Reise zu packen, als mich das Gefühl überfiel, keinen Schritt weiter gehen zu können. Ich ließ mich in meinem Arbeitszimmer auf den Sessel fallen und begann hemmungslos zu schluchzen. An diesem Punkt angelangt, standen mir zwei Optionen offen. Ich konnte versuchen, mich zusammenzureißen, eine starke Fassade vorzuschieben, einen Fuß vor den nächsten zu setzen und irgendwo die Kraft herzunehmen, um zu tun, was ich zu tun hatte.

Ich wusste jedoch, dass ich die Gnade und Hilfe Gottes einbüßen würde, wenn ich selbstständig, in meiner eigenen Kraft, handelte. Ich wusste, wie sehr ich auf seine Gnade angewiesen war, und ich konnte den Gedanken nicht ertragen, meinen Weg ohne ihn weiterzugehen. Deshalb wählte ich in meiner Schwachheit und Verzweiflung die zweite Option: Ich traf bewusst die Entscheidung, mich zu demütigen, meine Bedürftigkeit einzugestehen, und ich bat den Herrn um Gnade. Ich betete und fühlte mich vom Herrn bestätigt, dass ich diese Reise tatsächlich machen sollte. Ich bat ihn, mir die Kraft zu schenken, die ich benötigte, um zu tun, wozu er mich berufen hatte.

Am folgenden Tag hielt ich einen Vortrag vor einer Zuhörerschaft aus vollzeitlichen Mitarbeitern im christlichen Bereich. Mein Thema lautete: »Potenzielle Fallen im Dienst für den Herrn«. Zu diesem Zeitpunkt war ich bereits selbst in einige dieser Fallen geraten oder befand mich in gefährlicher Nähe zu ihnen. Ich war versucht, mein Image vor diesen christlichen Mitarbeitern zu wahren. Ich wollte bei ihnen den Eindruck erwecken, dass diese Fallen für mich keine Gefahr darstellten und *sie* diejenigen seien, an die meine Botschaft gerichtet war.

Ich wusste jedoch, dass ich selbst diese Botschaft dringend benötigte. Wenn ich Gottes Gnade in meiner Not empfangen wollte, musste ich mich sowohl vor ihm (»Dach abdecken«) als auch vor meinen Zuhörern (»Mauern einreißen«) demütigen und den Zustand meines eigenen Lebens ehrlich bekennen.

Fragen Sie sich, warum Gott manchmal so weit weg scheint? Könnte es sein, dass er sich auf Grund schleichenden Stolzes in Ihrem Herzen zurückgezogen hat und sich Ihnen widersetzt? *»Ja, der Herr ist erhaben, doch er sieht den Niedrigen, und den Hochmütigen erkennt er von fern«* (Ps 138,6).

Möchten Sie Gott nahe sein? So wie der Vater vom verlorenen

Sohn seinen innerlich zerbrochenen, reumütigen Jungen in die Arme geschlossen und aufgerichtet hat, so naht sich unser himmlischer Vater auch denen, die mit einem demütigen, zerbrochenen Herzen zu ihm kommen.

Neues Leben wird freigesetzt

Kürzlich schrieb mir ein Freund, wie Gott ihn an einen Punkt gebracht hat, inneren Zerbruch neu zu erleben. Er stellte bildlich sehr anschaulich dar, wie dieser Zerbruch sein Leben verändert hatte:

> »Vor dieser Zeit hatte ich mit leichten Depressionen zu kämpfen. Ich hatte viel Ärger in mich hineingefressen, der sich zu tief sitzendem Hass entwickelt hatte. Meine gesamte Haltung war davon betroffen. Da Gott mich jedoch an einen Punkt geführt hat, innerlich neu zu zerbrechen, gleicht mein Leben jetzt nicht mehr einem Schwarz-Weiß-Film, sondern einem Spielfilm in den buntesten Farben!«

Die Erfahrung meines Freundes veranschaulicht eine weitere Art von Segen, den innerer Zerbruch nach sich zieht. Wenn wir damit konfrontiert werden, mit Jesus am Kreuz zerbrochen zu werden, sind wir versucht zu glauben, das sei unser Ende. Und in gewisser Weise ist dies auch ein Ende – das Ende unseres Stolzes, unseres selbstbestimmten Lebens und der Herrschaft unseres Fleisches. In Wirklichkeit aber handelt es sich um den Anfang neuen Lebens. Wenn wir bereit sind, uns mit Christus in seinem Tod zu vereinen, wird neues Leben durch unseren inneren Zerbruch freigesetzt – übernatürliches Leben infolge der Auferstehung Jesu.

In Johannes 12 lesen wir, dass Jesus unmittelbar nach seinem triumphalen Einzug in Jerusalem vor seinen Jüngern von seinem bevorstehenden Tod sprach: »*Die Stunde ist gekommen, dass der Sohn des Menschen verherrlicht werde*« (Vers 23). Verherrlicht? Warum sollte man seinen *Tod* als Stunde seiner Verherrlichung bezeichnen? War Jesus nicht gerade zuvor verherrlicht worden, als Scharen von bewundernden Anbetern ihn nach Jerusalem geleitet hatten?

Jesus hatte bereits verstanden, was seine Jünger erst nach seinem Tod, seiner Auferstehung und Himmelfahrt begreifen sollten. Die Bibel spricht hier von einem Geheimnis. Von dem Geheimnis, dass *durch den Tod Leben entsteht* und es kein wirkliches Leben gibt ohne unsere Bereitschaft zu sterben. Jesus benutzte eine Illustration aus dem Bereich des Ackerbaus, um dieses Prinzip besser verständlich zu machen: »*Wenn das Weizenkorn nicht in die Erde fällt und stirbt, bleibt es allein; wenn es aber stirbt, bringt es viel Frucht*« (Vers 24).

Ich kann ein Weizenkorn säubern, es im Esszimmer auf einen schönen Porzellanteller legen, eine Lichtquelle darauf richten, Musik abspielen, für es beten. Was wird passieren? Absolut nichts! Was aber muss mit diesem Korn geschehen, damit es Frucht bringt? Es muss in die Erde gebracht werden und *sterben*. Ich stelle mir vor, wie dieses Weizenkorn reagieren würde, wenn es Gefühle hätte: »Hey, hier unten ist es aber dunkel! Hier unten ist es kalt! Hier unten ist es einsam!« An diesem dunklen, kalten, einsamen Platz jedoch wird das Korn seine äußere Schale ablegen, so dass das darin enthaltene Leben freigelegt wird. Dann – nachdem es »gestorben« ist – wird es Wurzeln schlagen, und die ersten Triebe von neuem Leben werden schließlich hervorschießen.

Nebenbei gesagt, glaube ich, dass viele Menschen sich unter anderem ständig einsam fühlen, weil sie nicht bereit sind zu sterben. Jesus wies darauf hin, dass ein Weizenkorn »alleine bleibt«, wenn es nicht in die Erde fällt und stirbt. Unser natürlicher Instinkt rät uns, uns schützend an unserem Leben festzuhalten. Weigern wir uns, diese harte, äußere Schale abzulegen, das sogenannte »Ich«, hat niemand Zugang zu unserem Leben; und infolgedessen kann er auch nicht daran teilhaben. Genauso wie Stolz abstoßend auf Gott wirkt, hindert Stolz andere Menschen daran, uns näher zu kommen.

Vor Jahren, als ich noch Studentin war, hörte ich von Pastor Ray Ortlund folgende Worte: »Die meisten Gemeinden gleichen einem Sack voller Murmeln – sie sind alle hart und verursachen ein knirschendes Geräusch, wenn sie sich aneinander reiben. Wir sollten stattdessen wie ein Sack voller Trauben sein, die zerdrückt werden, so dass der Saft, der Geist Gottes, durch uns hinausfließen kann.« Nur wenige Gläubige erleben echte christliche Gemeinschaft nach dem Bild von Pastor Ray, weil dies voraussetzt, dass jedes Individuum sein »Ich« loslässt und sein Leben für andere ausgießt.

Was ist mit dieser Art von Tod gemeint? Es bedeutet, dass wir bereit sein müssen, unsere Interessen und Rechte, unsere Art und Weise, Dinge zu tun, unsere Bequemlichkeit, unseren Komfort, unsere Hoffnungen, Träume und Ambitionen »sterben« zu lassen. »Sterben« heißt, alles hinzulegen. Alles abzugeben. Alles loszulassen. Das mag für unseren sich selbst schützenden, individualistischen, rechthaberischen Geist schwer sein, vielleicht sogar undenkbar. Jesus erklärte seinen Jüngern weiter: *»Wer sein Leben liebt, wird es verlieren; und wer sein Leben in dieser Welt hasst, wird es zum ewigen Leben bewahren«* (Joh 12,25).

Was wollte Jesus damit zum Ausdruck bringen? Man kann sein Leben nur erlangen, indem man es aufgibt. Man kann es nur gewinnen, indem man es verliert. Wir meinen, viel aufgeben zu müssen, wenn unser Ich sterben soll. In Wirklichkeit jedoch gibt nur derjenige alles auf, der sich weigert, sein Ich sterben zu lassen. Wenn wir den Weg des inneren Zerbruchs und der Demut wählen, entscheiden wir uns für ein neues Leben – sein übernatürliches Leben in Fülle – das in und durch uns fließt.

Der Herr Jesus selbst ist die vollendete Verkörperung dieser Art von Zerbruch. Er sagte von sich: »*Dies ist mein Leib, der für euch (gebrochen) ist*« (1Kor 11,24).

Der Prophet Jesaja sprach von dem Herrn Jesus, als er sagte: »*Doch er war durchbohrt um unserer Vergehen willen, **zerschlagen** um unserer Sünden willen ... Doch dem Herrn gefiel es, ihn zu zerschlagen*« (53,5.10).

Interessanterweise wird das in Jesaja 53 mit »zerschlagen« übersetzte Wort auch in Jesaja 57,15 gebraucht, wo Gott spricht: »[Ich wohne] ... *bei dem, der **zerschlagenen** und gebeugten Geistes ist, um zu beleben den Geist der Gebeugten und zu beleben das Herz der **Zerschlagenen**.*« Wir haben bereits die Bedeutung dieses Wortes kennengelernt, nämlich »zerschlagen werden« oder »in Stücke zerkleinern«. Jesus war bereit, sich zerschlagen zu lassen, das heißt zu sterben, damit wir durch seinen Tod ewiges Leben empfangen können.

Sowohl im natürlichen als auch übernatürlichen Bereich *führt der Tod zum Leben*. Die Blütenblätter einer Rose müssen zerrieben werden, damit ihr Duft austritt; und die Raupe muss ihr Leben als Raupe lassen und sich einpuppen, damit sie sich in einen Schmetterling verwandeln kann. Der Apostel Paulus stellte fest, dass die »*Fürsten dieser Welt*« (einschließlich Satan und seiner Dämonen) niemals den Herrn Jesus gekreuzigt hätten, wenn sie dieses Geheimnis verstanden hätten (1Kor 2,8). Sie gingen davon aus, dass das Kreuz die endgültige Niederlage von Jesus sei und damit ihr Triumph. In Wirklichkeit aber war es genau umgekehrt.

Da Jesus die Wege Gottes kannte, ging er widerstandslos und freiwillig in den Tod. Er erinnerte seine Jünger daran, dass niemand sein Leben von ihm nehmen, sondern er es von sich aus loslassen würde (Joh 10,18). Als die Zeit gekommen war, ging er dem Willen seines Vaters entsprechend den Weg nach Golgatha wie ein Schaf zur Schlachtbank. Er wusste, dass jenseits des Kreuzes ewiges Leben auf ihn wartete. Das Kreuz wurde zum Schauplatz seiner wahren Verherrlichung – dort besiegte er den Tod und schuf ewiges Leben.

Wenn Sie und ich uns in Verbindung mit ihm innerlich zerbrechen lassen, wird sein Leben in Fülle in uns entfaltet werden und kann dadurch andere Menschen erreichen. Innerer Zerbruch führt unwillkürlich zum Leben. Erst wenn wir innerlich zerbrochen sind, können wir erleben, wie die Kraft seines Geistes ungehindert in und durch unser Leben wirken kann.

Tiefere Liebe, tiefere Anbetung

Als Melanie Adams am Ende ihrer Kräfte war und innerlich vor Gott und ihrem Ehemann zerbrach, schenkte Gott ihr wieder die Fähigkeit, lieben und anbeten zu können. Einige Monate später schrieb mir Melanie in einem Brief, wie ihr Leben sich seither verändert hatte:

»Ich liebe meinen Mann inniger als je zuvor. Es war wie ein böses Erwachen, als ich feststellen musste, dass ich selbst die Kluft zwischen uns verursacht hatte, weil ich nachtragend war. Mein Mann hat mir vergeben, und ich schaue zuversichtlich in die Zukunft.

Ich habe mir die manchmal etwas nervende Gewohnheit angeeignet, sehr schnell zu weinen - eine für mich eigentlich ungewöhnliche Reaktion. Oft brauche ich bei einem geistlichen

Lied oder einer ansprechenden Predigt plötzlich ein Taschentuch. Mein Mann streichelt mir dann liebevoll die Hand.

Die Heilige Schrift spricht mich jetzt persönlich an. Ich genieße die enge Verbundenheit mit dem Herrn und empfinde tiefe Dankbarkeit für seine Liebe und sein Opfer wie nie zuvor. Ich habe inneren Frieden und Freude. Er hat mir ein neues Lied geschenkt.«

Auch die »Sünderin«, die Jesu Füße salbte, war wie Melanie fähig, viel Liebe weiterzugeben, da ihr viel vergeben worden war. Wir sehen in dieser Frau aus Lukas 7, deren Name nicht genannt wird, eine Freiheit und Hingabe, die nur wenige Gläubige erleben. Sie bemerkte weder die Ablehnung noch die Missbilligung der sie umgebenden Personen. Sie brachte ihre Anbetung und Liebe auf großzügige und verschwenderische Weise zum Ausdruck. Jesus allein war ihr wichtig.

Haben Sie jemals erlebt, wie jemand den Herrn mit völliger Hingabe angebetet und mit ungewöhnlich großer Freiheit seine Liebe Gott und anderen Menschen gezeigt hat? Vielleicht haben Sie ihn um diese Freiheit beneidet. Oder Sie standen diesem Menschen kritisch gegenüber und haben seine Motive oder die Angemessenheit seines Verhaltens in Frage gestellt. Genauso wie Simon, der Pharisäer, die Frau kritisch betrachtete, die uneingeladen zu seinem Fest erschienen war.

Viele von uns sind gefangen in ihrer Fähigkeit, Liebe und Anbetung auszudrücken. Das ist merkwürdig. Wir haben kein Problem damit, bei einem Baseballspiel die Spieler solange anzufeuern, bis wir heiser sind. Aber in der Gemeinde laut *singen*? Vor anderen laut beten? Das uns Vertraute zurücklassen und ein geistliches Gespräch mit einem uns unbekannten Menschen beginnen? Mit Worten der Anerkennung zum Ausdruck bringen, was uns ein anderer Gläubiger in unserem Leben bedeutet hat? Das ist etwas völlig anderes.

Warum tun wir uns so schwer, unserer Liebe und Anbetung Ausdruck zu verleihen? Vielleicht weil wir noch immer nicht das Dach unseres Lebensgebäudes abgedeckt und die Mauern niedergerissen haben. Stolz veranlasst uns dazu, Schranken zwischen uns und Gott und Mauern zwischen uns und anderen Menschen zu errichten. Wir sind so besorgt darum, was andere von uns denken, dass wir zu Gefangenen unserer eigenen Befangenheit werden.

»So bin ich nun einmal – ich bin von Natur aus schüchtern«, entgegnet möglicherweise jemand von Ihnen. Seien wir einmal ehrlich. Handelt es sich hier um eine Frage der Persönlichkeit, oder könnte es auch eine Frage des Stolzes sein? Wenn wir unsere Persönlichkeit völlig Gott übergeben haben, wird er sein Herz in und durch uns zum Ausdruck bringen. Wir leben dann nicht mehr im eigenen Bewusstsein, sondern ganz im Bewusstsein Gottes.

Es wird heutzutage viel über Freiheit, Liebe und Anbetung geredet. In vielen Kreisen unternimmt man den leidenschaftlichen Versuch, die Liebe innerhalb des Leibes Christi zu pflegen und »Erlebnisse der Anbetung« herbeizuführen. Wahre Freiheit, Liebe und Anbetung kann jedoch nicht gemacht oder konstruiert werden. Denn dann versuchen wir, den Prozess zu verkürzen, der zu wahrer Freiheit, Liebe und Anbetung führt und den Gott so eingerichtet hat.

Wahre Anbetung beginnt mit *innerem Zerbruch und Demut* in Bezug auf alles, was Gott uns durch sein Wort offenbart. Armut im Geist und Trauer über unsere Sünde führt zu echter *Buße*, die wiederum zu *Vergebung* führt. Vergebung bringt *Freiheit* mit sich – Befreiung von Schuld und Fesseln. Wenn wir durch inneren Zerbruch, Buße und Vergebung Freiheit erlangt haben, werden wir eine weitaus größere

Fähigkeit geschenkt bekommen zu *lieben* – eine übernatürliche Fähigkeit, Gott zu lieben und die Menschen, die in unseren Augen nicht liebenswert sind – und *anzubeten*. Wahre Liebe und Anbetung werden uns auf eine neue Ebene inneren Zerbruchs führen und damit zu einer tieferen Buße, einer stärkeren Vergebung, einer neu entdeckten Freiheit und einer noch größeren Fähigkeit zu lieben und anzubeten.

Innerer Zerbruch ist der Ausgangspunkt für einen lebenslangen Kreislauf. Wir können wahre Freiheit, Liebe und Anbetung nur erleben, wenn wir den Weg der Demut, Buße und Vergebung einschlagen.

Was mich am meisten während des Treffens von *Campus Crusade* 1995 beeindruckt hat, ist die Tatsache, dass der persönlich und gemeinsam erlebte innere Zerbruch zu einer neuen Fähigkeit zu lieben und anzubeten geführt hat. Anfangs herrschte gedrückte Stimmung. Gott hatte vielen Teilnehmern ihre Sünden bewusst gemacht. Viele trauerten darüber, und niemandem war nach Singen zumute. Im Laufe der nächsten Tage jedoch fingen die Leute an zu singen – nicht weil ein Lobpreisleiter ihnen gesagt hatte, dass es nun an der Zeit wäre zu singen, sondern einfach aus Dankbarkeit und Hingabe an Jesus. Bei vielen der Lieder standen die Gnade Gottes und das Wunder seiner Liebe und Vergebung im Mittelpunkt.

Ich habe selten eine schönere und so von Herzen kommende Musik gehört wie diese Musik, die aus diesen frisch gereinigten Herzen und Leben hervorströmte. Im Verlauf der Woche nahmen das Loben und die Anbetung weiter zu. Der Gottesdienst am letzten Abend der Konferenz wird mir unvergesslich bleiben. Melodien wie »Ruft zu dem Herrn alle Enden der Welt!« ließen die Wände erbeben.

Die Nacht des Weinens verwandelte sich in Ausrufe der Freude (Ps 30,6); die Gebeine, die er zerschlagen hatte, begannen sich zu freuen (Ps 51,10); von Schuld befreite Herzen bekamen die Freiheit, seine Gerechtigkeit laut singend zu preisen (Ps 51,16); der zerschlagene Geist wurde durch das Gewand des Lobes ersetzt (Jes 61,3). So wird es im Leben eines jeden sein, der den Weg des inneren Zerbruchs wählt.

Von Gott gebraucht werden können

Wir lesen in der Bibel immer wieder, dass Gott handelt, indem er Dinge und Menschen nutzt, die zerbrochen sind. Wendepunkt im Leben Jakobs beispielsweise war ein nächtlicher Ringkampf am Fluss Jabbok (1Mo 32). Jahre zuvor hatte Gott Jakob versprochen, ihn zu segnen. Jakob jedoch war bisher nie fähig gewesen, sich an diesem Segen zu freuen, da er versucht hatte, sein Leben selbst zu kontrollieren und zu regeln.

Am Fluss Jabbok geriet Jakob in eine Situation, über die er keine Kontrolle hatte und in der er nicht alleine zurechtkam. Sein mit ihm zerstrittener Bruder näherte sich mit einem Heer und sollte am darauffolgenden Morgen eintreffen. Jakob, der Verschwörer, saß in der Falle und hatte Angst. Gott aber hatte Acht auf ihn. In dieser Nacht begegnete Gott Jakob in Gestalt eines Engels und verwickelte ihn in einen Kampf Mann gegen Mann. Jakob mühte sich ab, dem Engel den Segen zu entlocken, der ihm bereits zugesprochen worden war.

Der wahre Sieg wurde errungen, als Jakob von dem Engel überwältigt wurde und dieser Jakob nach seinem Namen fragte. Erinnerte sich Jakob in diesem Moment vielleicht daran, wie er viele Jahre zuvor versucht hatte, seinem alten, blinden Vater den Segen zu entreißen? Isaak hatte ihn gefragt: »Wer bist du, mein Sohn?«, und Jakob hatte seinen Vater betrogen, indem er vorgab, Esau zu sein. Der Stolz in seinem Herzen hatte ihn dazu bewegt, sich für jemand anders auszugeben, als er eigentlich war.

Dieses Mal hatte Jakob seinen Meister gefunden. Nicht mehr er selbst war Herr der Lage, sondern einer, der unendlich stärker ist als er. Und endlich gab er auch seinen wahren Namen preis:

»Was ist dein Name?«

»*Jakob.*«

Kein Vortäuschen, kein Versuch, einen guten Eindruck zu hinterlassen, kein Erklären, kein Rechtfertigen. Jakob sprach die ungeschminkte, nackte Wahrheit. »Jakob – der Intrigant, der Betrüger, der Manipulator, der Schwindler. Das bin ich.« Und indem er sich geschlagen gab, errang Jakob seinen bedeutendsten Sieg. Von diesem Zeitpunkt an war er ein neuer Mensch. Nachdem Jakobs natürliche Kraft gebrochen war, konnte Gott ihn mit geistlicher Stärke bekleiden. Er hatte zu seiner wahren Person gestanden. Gott gab ihm einen neuen Namen – *Israel,* was so viel heißt wie »Kämpfer Gottes« – stellvertretend für einen neuen Charakter. Nun war er brauchbar in Gottes Händen geworden.

Wie Jakob kannte auch Mose die Kraft des Zerbruchs. Nachdem er vierzig Jahre im Palast verbracht und zum königlichen Hof gehört hatte, brauchte es vierzig weitere Jahre in der Wüste, um die ihm als selbstverständlich angenommenen Vorzüge zu nehmen – seine Begabungen, seine Beziehungen, seine Stellung, seinen Ruf. Mose verlor alles. Aus dem Erlebnis mit dem brennenden Dornbusch ging er als innerlich zerbrochener Mensch hervor und wurde damit brauchbar in den Händen Gottes.

Als die Kinder Israels am Berg Horeb ankamen und kein Wasser zum Trinken fanden, erhielt Mose eine weitere Lektion in Sachen Zerbruch. (2Mo 17). »*Schlage auf den Felsen*«, sagte Gott, »*und es wird*

Wasser aus ihm hervorströmen.« Jeder weiß, dass man nicht einfach auf einen Felsen schlagen kann und dann Wasser heraustritt. Mose aber schlug im Gehorsam auf den Felsen – ein Bild dafür, wie Christus für uns geschlagen und zerbrochen wurde –, und Wasser sprudelte hervor, um den Durst zwei Millionen durstiger Israeliten in der Wüste zu stillen.

Und dann gab es da noch den wenig überzeugend wirkenden Heeresführer mit Namen Gideon. Das mideanitische Heer war Gideons Auswahl von Kämpfern aus dem gemeinen Volk zahlenmäßig hoffnungslos überlegen. Sie hatten keine Überlebenschance, ganz zu schweigen von einer Chance auf einen Sieg. Wie so oft aber lautete auch hier Gottes Schlachtplan wieder »Zerbruch«. Gideon sollte die Anzahl der Kämpfer so lange reduzieren, bis sie nur noch so wenige waren, dass es fast lächerlich wirkte. Die Kämpfer sollten die Krüge zerschlagen, damit das Licht der darunter versteckten Fackeln aufleuchten konnte. Aus dem Zerbruch heraus entsteht Licht. Durch dieses Licht wurde der Feind verwirrt und der Sieg davongetragen. Wir wissen, wie der Kampf ausgegangen ist.

Unser großartigstes Beispiel ist natürlich der Herr Jesus. Als sein Körper auf Golgatha zerbrochen wurde, entstand ewiges Leben, das die Welt erretten sollte. Möchten Sie ein Leben führen, das Frucht bringt? Möchten Sie, dass durch Sie der Duft des Lebens Jesu freigesetzt wird? Möchten Sie, dass die Kraft Gottes in Ihnen wirkt? Möchten Sie ein brauchbares Werkzeug in seinen Händen sein? Folgen Sie dem Herrn bis ans Kreuz. Sein Tod und seine Auferstehung werden in Ewigkeit davon zeugen, dass Zerbruch zu noch mehr Frucht führt.

Ja, Gott benutzt Dinge und Menschen, die zerbrochen sind. In gewisser Weise ist Erweckung nicht mehr als das Freisetzen von Gottes Geist, der durch ein zerbrochenes Leben fließt. Historische

Aufzeichnungen von Erweckungen bestätigen das immer wieder, wie die folgenden Beispiele zeigen werden.

Ströme der Erweckung

Während der *Erweckung in Wales* 1904-1905 ertönte ein Lied aus den zerschlagenen Herzen und auf den Lippen von Gottes Volk. »Beuge mich tiefer, noch tiefer zu den Füßen Jesu«, sangen sie. Durch diesen Zerbruch wurde eine Welle der Buße und Umkehr ausgelöst, die alle Grafschaften dort erfasste und weit darüber hinaus wirkte.

Vielleicht haben Sie schon einmal von der *Shantung-Erweckung* in China in den späten 1920ern und frühen 1930ern gelesen oder gehört.[3] Dr. C. L. Culpepper war in dieser Provinz Direktor einer großen Missionsgesellschaft. Er gehörte zu einer Gruppe christlicher Leiter und Missionare, die für Erweckung gebetet hatten.

Eines Abends, als Dr. Culpepper von einem Gebetstreffen nach Hause zurückkehrte, fühlte er sich gedrängt, das Angesicht des Herrn noch zu später Stunde im Gebet zu suchen. Er empfand eine geistliche Not und Dürre in seinem Leben, konnte die Ursache dafür jedoch nicht erkennen. Er fragte: »Herr, was ist los mit mir?«

Er hörte den Rat des Herrn und war am Boden zerstört.

Am nächsten Morgen ging er erneut zu dem Gebetstreffen. Er bekannte vor den anderen Missionaren und Leitern, oftmals Geistlichkeit nur vorgetäuscht zu haben und infolgedessen geistlich unbrauchbar geworden zu sein. Das Lob, ein »guter Missionar« zu sein, hatte ihn zu Stolz verleitet und Gott die Ehre genommen. Zu einem späteren Zeitpunkt sagte er: »Mein Herz war gebrochen. Ich meinte, so nicht weiterleben zu können.«

Der innere Zerbruch von Dr. Culpepper hatte zur Folge, dass Gott auch die gesamte Gruppe der Missionare und nationalen christlichen Leiter in den Zerbruch führte. Dadurch wiederum wirkte Gott an vielen Menschen in dieser Gegend. Überall wurden Gläubige der Sünde überführt, bekannten diese und erlebten Fülle in Gott. Gott erweckte ihre Herzen und die unzähliger Menschen, die davon berührt wurden.

Zwanzig Jahre später betete in einem anderen Teil der Erde eine kleine Gruppe von Gemeindeleitern ernsthaft um Erweckung in ihrer Gemeinden. Die Menschen versammelten sich in einer kleinen Stadt auf der *Isle of Lewis*, der größten Insel der Äußeren Hebriden, vor der Küste Schottlands. Die jungen Menschen auf der Insel, die kein Interesse an geistlichen Dingen zeigten und Gott verachteten, waren diesen Gläubigen ein besonderes Anliegen.

Diese Männer trafen sich eineinhalb Jahre lang dreimal in der Woche und beteten den ganzen Abend lang, manchmal bis in die frühen Morgenstunden. Sie baten Gott, dieser Insel einen geistlichen Aufbruch zu schenken. Eineinhalb Jahre lang war keine Veränderung erkennbar.

Eines Abends stand ein junger Mann auf, öffnete seine Bibel und las aus Psalm 24 vor: »*Wer darf hinaufsteigen auf den Berg des Herrn und wer darf stehen an seiner heiligen Stätte? Der unschuldige Hände und ein reines Herz hat ... Er wird Segen empfangen vom Herrn*« (Verse 3-5). Der junge Mann betrachtete die Männer um sich herum und sprach: »Brüder, ich glaube, wir machen uns etwas vor, hier zu warten und zu beten, wenn wir keine richtige Verbindung zu Gott haben.«

Die Männer knieten dort im Stroh nieder und bekannten demütig ihre Sünden vor dem Herrn. Innerhalb kurzer Zeit hatte Gott damit begonnen, eine Erweckung zu schenken, die die gesamte Insel erfasste.

Erweckungsbewegungen wurden in der Geschichte oft durch eine Handvoll demütiger Gläubiger ins Rollen gebracht. Durch ihr erwecktes Leben und ihre Gebete wurden die Herzen der sie umgebenden Menschen entfacht.

Interessanterweise waren die »gottesfürchtigsten« Männer und Frauen in der Regel diejenigen, die sich allen voran demütigten und dann als Instrumente der Erweckung benutzt wurden. Erwarten Sie, dass Ihr Ehemann, Ihre Kinder oder Ihre Gemeindeleiter sich demütigen, damit bei Ihnen zu Hause oder in Ihrer Gemeinde Erweckung stattfinden kann? Vielleicht wartet Gott darauf, dass *Sie* sich demütigen; vielleicht möchte Gott genau Ihren Zustand des innerlichen Zerbrochenseins dazu nutzen, die Menschen um Sie herum auch in den Zerbruch zu führen. Das größte Hindernis für Erweckung ist nicht die mangelnde Bereitschaft der anderen, sich zu demütigen – es ist unsere mangelnde Erkenntnis, dass *wir* uns dringend demütigen und uns eingestehen müssen, dass wir auf seine Gnade angewiesen sind.

Möchten auch Sie ein innigeres Verhältnis zu Gott haben? Möchten auch Sie, dass der Geist Gottes durch Sie wirkt? Sehnen Sie sich danach, Gott anbeten und ihn und andere Menschen von ganzem Herzen lieben zu können? Haben Sie den Wunsch, von Gott gebraucht zu werden? Sind Sie sich bewusst, dass in Ihrer Familie, Ihrer Gemeinde und in unserer Welt Erweckung nötig ist? Der Segen zur Erweckung kommt solchen Menschen zugute und fließt durch deren Leben, die vor Gott wirklich innerlich zerbrechen. Andrew Murray hat es so ausgedrückt: »So wie das Wasser immer zu dem am niedrigsten gelegenen Punkt fließt und ihn ausfüllt, so lässt auch Gott seine Gnade und Macht zu uns fließen, sobald wir uns demütigen und von ihm füllen lassen.«

Kapitel 6

Reise in den Zerbruch

»Innerlich zu zerbrechen, ist sowohl Gottes Arbeit
als auch unsere. Er drängt uns zu einer Entscheidung,
aber wir müssen sie selbst treffen ... Den ganzen Tag lang
stehen wir vor der Wahl, auf tausendfache Weise.«

Roy Hession[1]

Sie haben in diesem Buch von gläubigen Menschen gelesen, die an einen Punkt in ihrem Leben gelangt sind, an dem sie innerlich vor dem Herrn zerbrochen sind. Wo stehen Sie? Haben Sie während der Lektüre Parallelen zu Ihrem eigenen Leben gefunden? Können Sie ehrlich von sich behaupten, vor Gott innerlich zerbrochen zu sein?

Vielleicht haben Sie in der Vergangenheit echten Zerbruch erlebt. Leben Sie auch heute noch ein Leben, das durch diese Gesinnung gekennzeichnet ist?

Vielleicht sagen Sie: »Ich erkenne, dass ich ein demütiges und zerschlagenes Herz brauche. Ich möchte den Weg des inneren Zerbruchs gehen. Wo soll ich anfangen?«

Innerer Zerbruch setzt sowohl Gottes Initiative als auch unsere Reaktion voraus. Laut der Bibel benutzt Gott hauptsächlich drei Mittel, um uns in den inneren Zerbruch zu führen.

Erstens, *das Wort Gottes.* Es besitzt die Kraft, den harten Boden unseres Herzens aufzulockern und unser starrköpfiges, egoistisches Leben zu zerstören. Gott sagt: *»Ist mein Wort nicht ... wie ein Hammer, der Felsen zerschmettert?«* (Jer 23, 29). Der Psalmist betrachtet die Kraft von Gottes Wort mit Ehrfurcht: *»Die Stimme des Herrn ist gewaltig ... die Stimme des Herrn zerbricht Zedern«* (Ps 29,4-5). Wenn wir die Bibel zur Hand nehmen, sei es im privaten Bereich oder im öffentlichen Rahmen, sollten wir es mit der Absicht tun, uns zerbrechen zu lassen. Dasselbe Wort, das zunächst als Hammer dient, wird zu Balsam, das unsere Herzen heilt, und zum Licht, das uns auf dem Weg der Demut leitet.

Zweitens benutzt Gott *äußere Umstände,* um unsere Bedürfnisse bloßzulegen und die Begrenztheit unserer eigenen Kraft aufzuzeigen. Er lässt möglicherweise einen stressigen Beruf zu, eine schwierige Ehe, eine chronische Krankheit, eine finanzielle Krise oder ein anderes Problem, das großen Druck auf uns ausübt. Wir können auf diese Belastung mit Stolz reagieren, das heißt, wir wehren uns gegen die äußeren Umstände und kämpfen dagegen an, oder wir geben verzweifelt auf. Wir können darauf aber auch mit Demut reagieren, beugen uns der Hand Gottes und lassen zu, dass er uns durch Druck formt.

Drittens hat Gott uns den *Leib Christi*, die Gemeinde, gegeben. Andere Gläubige, die mit uns im Licht wandeln, können uns helfen, Bereiche in unserem Leben zu erkennen, in denen wir noch zerbrochen werden müssen. »*Treu gemeint sind die Schläge dessen, der liebt*« (Spr 27,6) – ob es sich dabei um einen Pastor oder Ältesten, die Eltern, den Partner oder einen anderen Gläubigen handelt, spielt keine Rolle – es muss jemand sein, der uns so sehr lieb hat, dass er uns auf die Schwachpunkte in unserem geistlichen Leben hinweist.

Das Wort Gottes, äußere Umstände und andere Gläubige – sie können dazu dienen, uns unsere Bedürfnisse aufzuzeigen und Gelegenheiten schaffen, den Weg des Zerbruchs einzuschlagen. Der Geist Gottes ist der Arm, der jedes dieser Instrumente führt, um uns an den Punkt des Zerbruchs zu führen – vorausgesetzt wir reagieren auf Gottes Handeln. Wie können wir ein zerbrochenes, zerschlagenes Herz fördern? Die vier folgenden Vorschläge sollen uns helfen, tiefer in das Thema des persönlichen Zerbruchs einzutauchen:

1. Lassen Sie sich von Gott eine neue Sichtweise schenken

Je näher wir Gott kommen, desto klarer sehen wir, wer wir wirklich sind. Solange wir uns mit anderen vergleichen, werden wir doch meist das Gefühl haben, wir würden unsere Sache gut machen. Wenn wir jedoch in das Licht von Gottes Heiligkeit treten, wird unser Leben in starkem Kontrast zu dem erscheinen, wie wir es sehen. Was zunächst vielleicht sauber und rein aussah, wirkt plötzlich dreckig und beschmutzt. Das reine Licht seiner Heiligkeit deckt die Winkel und Ecken, die Risse und Furchen unseres innersten Wesens auf.

Wir lesen immer wieder in der Bibel, dass selbst die heiligsten Männer und Frauen zu tiefer Reue und tiefem Zerbruch vor Gott fanden, wenn sie mit der beeindruckenden Heiligkeit Gottes konfrontiert wurden.

Nehmen wir Hiob als Beispiel. Hiob war ein gerechter Mensch. Er fürchtete Gott und lebte untadelig. Aus Gründen, die allein Gott kennt, wurde Hiob sozusagen die Nebenrolle innerhalb eines kosmischen Dramas zugeteilt, das zwischen Himmel und Hölle ausgetragen wurde. Weil er nicht begriff, warum Gott ihn diesen qualvollen Schmerz erleiden ließ, und seine sogenannten Freunde von der falschen Annahme ausgingen, Hiob würde die Strafe für ein Versagen seinerseits erhalten, entblößte Hiob langsam sein selbstgerechtes Herz.

Während einer ausgedehnten Unterredung und Diskussion beteuerte Hiob seine Unschuld und bat um Gelegenheit, sich im Gerichtssaal des Himmels verteidigen zu dürfen. Schließlich schritt Gott ein – so als ob er geduldig darauf gewartet hätte, dass jemand ihm das Wort erteilte. Anhand einer Reihe von Fragen, die weder Hiob noch seine Freunde beantworten konnten, offenbarte Gott sich auf eine Art und Weise, wie Hiob es nie zuvor erlebt hatte. Gott enthüllte seine Größe, seine unendliche Macht, seine überragende Weisheit, seine mächtigen Taten und seine unergründlichen Wege.

Als Gott seine Ausführungen beendet hatte, musste Hiob erst einmal überwältigt innehalten. Dann entgegnete er: »*Siehe, zu gering bin ich! Was kann ich dir erwidern? Ich lege meine Hand auf meinen Mund ... Vom Hörensagen hatte ich von dir gehört, jetzt aber hat mein Auge dich gesehen. Darum verwerfe ich mein Geschwätz und bereue in Staub und*

Asche« (Hi 40,4; 42,5-6). Hiob verteidigte sich nicht länger, beharrte nicht mehr auf seiner Unschuld und sah sich nicht mehr als hilfloses Opfer. Im strahlenden Licht von Gottes Herrlichkeit wurde Hiob vollkommen entblößt. Nun sah er sich selbst als Täter und niederträchtigen Sünder, der dringend auf Gnade angewiesen war.

Hiob war ein guter Mensch – sein Lebenswandel war über jeden Tadel erhaben, und sein Leid wurde nicht direkt durch seine Sünde ausgelöst. Das Leid jedoch diente dazu, tiefer in sein Herz zu schauen und ein größeres Ausmaß an Verderbtheit ans Licht zu bringen, als Hiob es je vermutet hätte. Als Folge seiner Begegnung mit Gott war Hiob nicht nur ein guter und frommer Mensch; er war nun auch ein innerlich zerbrochener Mann.

Dem Propheten Jesaja widerfuhr Ähnliches. In den ersten Kapiteln des Buches Jesaja erleben wir diesen großen Propheten Gottes, wie er Weherufe über die abtrünnige Nation Israel ausruft – Weherufe über die Materialisten; Weherufe über die Relativisten; Weherufe über die Hedonisten; Weherufe über die Sinnlichen und Unmoralischen. Und er hatte Recht. Es waren schreckliche Schandflecken, die diese Nation beschmutzten, so wie wir es auch heute in unserer Welt erleben.

Im ersten Vers von Jesaja 6 lesen wir dann von einer bisher nie erlebten Begegnung Jesajas mit Gott. Der Prophet hat eine Vision von der Heiligkeit Gottes – einer Heiligkeit, die so intensiv ist, dass selbst die Türpfosten des Tempels erbeben.

Jesaja vergleicht sich nicht mehr mit den verdorbenen Menschen, die ihn umgeben. Er betrachtet sich nun im Licht des heiligen, großen, höchsten Gottes des Universums. Und die ersten Worte, die aus seinem Mund hervorkommen, heißen nicht: »Wehe *ihnen!*«, sondern »Wehe *mir!*«

Nach diesem Erlebnis bekannte Jesaja nicht die Sünden der

Nation, sondern seine eigenen Sünden – *»denn ein Mann mit unreinen Lippen bin* **ich**«. Als Reaktion auf sein zerschlagenes, gebrochenes Herz sandte Gott einen Engel, der eine glühende Kohle vom Opferaltar nahm. In einem kurzen, schmerzhaften Moment berührte dieser mit der heißen Kohle Jesajas Lippen. Jesaja war gereinigt. Bereits vor diesem Zeitpunkt war Jesaja ein guter Mensch. Er war begabt und lebte Gott hingegeben. In Kapitel 6 jedoch stellen wir fest, dass Jesaja wirklich zu innerlichem Zerbruch gefunden hatte. Von diesem Moment an handelte er nicht mehr aus seiner natürlichen Stärke oder Überlegenheit heraus, sondern aus dem intensiven Gefühl seiner eigenen Bedürftigkeit. Jesaja war ein innerlich zerbrochener Mensch.

Wenn wir Gott kennen, in seiner Gegenwart leben und mit dem Wissen um seine Heiligkeit erfüllt sind, wird uns bewusst, wie töricht es ist, sich von ihm zu entfernen. Und wir erfahren, was es heißt, nicht mehr ständig um uns selbst zu kreisen.

2. Warten Sie nicht so lange, bis Gott Sie innerlich zerbricht – entscheiden Sie sich bewusst zu einem Zerbruch

Jesus bezeichnete sich selbst als den Stein, den die Bauleute verworfen haben. Wir finden diese Aussage bereits im Alten Testament: *»Der Stein, den die Bauleute verworfen haben, ist zum Eckstein geworden. Vom Herrn ist dies geschehen, es ist ein Wunder vor unseren Augen«* (Ps 118,22- 23). Jesus betonte, wie wichtig unsere Reaktion auf seine Herrschaft ist: *»Jeder, der auf jenen Stein fällt, wird zerschmettert werden; auf wen er aber fallen wird, den wird er zermalmen«* (Lk 20,18).

Manche Menschen, die scheinbar innerlich zerbrochen sind, sind es nicht wirklich. Sie wurden durch die äußeren Umstände erdrückt, da sie nicht bereit waren, sich freiwillig »auf den Stein fallen« und sich zerbrechen zu lassen. Warten Sie nicht so lange, bis Gott Sie innerlich zerbricht. »**Demütigt euch nun** *unter die mächtige Hand Gottes*« (siehe 1Petr 5,6). Lassen Sie sich auf den Stein Christus Jesus fallen – der für Sie zerbrochen wurde –, und pflegen Sie die Gewohnheit, wie der Zöllner auszurufen: »*O Gott, sei mir, dem Sünder, gnädig!*«, und wie David: »*Sei mir gnädig, o Gott, nach deiner Gnade.*«

Jeder von uns wird – früher oder später – zerbrochen werden. Wir können selbst entscheiden, uns zerbrechen zu lassen, oder warten, bis Gott unseren Stolz bricht. Wir können uns zwar dem widersetzen, was Gott bereitstellt, um uns in den inneren Zerbruch zu führen, werden es aber nicht aus dem Weg räumen. Wir zwingen Gott lediglich dazu, den Prozess weiter zu intensivieren und hinauszuzögern.

Wir haben gelernt, welchen Segen innerer Zerbruch mit sich bringt. Wir müssen uns jedoch auch deutlich machen, welchen schmerzvollen Preis diejenigen bezahlen, die sich diesem Zerbruch verweigern: »*Ein Mann, der trotz Ermahnung halsstarrig bleibt, wird plötzlich zerschmettert werden ohne Heilung*« (Spr 29,1).

Über einen gewissen Zeitraum hinweg werden wir vielleicht mit Erfolg dem Willen Gottes widerstehen, da er unserem stolzen Herzen nichts in den Weg legen wird. Schließlich aber wird Gott alles zu Fall bringen, was sich gegen ihn erhebt. Es wird der Tag kommen, an dem jedes Knie sich beugen und jede Zunge bekennen wird, dass Jesus Christus Herr ist (siehe Phil 2,10-11).

»*Die stolzen Augen des Menschen werden erniedrigt, und der Hochmut des Mannes wird gebeugt werden. Aber der Herr wird hoch erhaben sein, er allein, an jenem Tag. Denn der Herr der Heerscharen hat sich einen Tag vorbehalten über alles Hoffärtige und Hohe und über alles Erhabene, dass es erniedrigt werde.*« (Jes 2,11-12).

Welche Alternative haben wir? Den Weg des inneren Zerbruchs zu wählen. Jennifer Kennedy Dean ermutigt uns, die schwierigen Umstände unseres Lebens als »Momente der Kreuzigung« zu sehen:

»Jedes Mal, wenn Sie sich in einem ›Moment der Kreuzigung‹ befinden, legen Sie Ihr selbstbestimmtes Leben nieder. Liefern Sie bewusst Ihren Stolz, Ihre Erwartungen, Ihre Rechte, Ihre Anforderungen Gott aus. Wählen Sie den Weg über das Kreuz. Lassen Sie die Anerkennung, die eigentlich Sie verdient hätten, jemand anderem zukommen. Verzichten Sie darauf, das letzte Wort zu haben. Widerstehen Sie dem Verlangen Ihres Fleisches.«[2]

3. Geben Sie vor Gott und anderen Menschen zu, geistlich bedürftig zu sein

Wollen wir ein Leben in Demut und Zerbruch führen, müssen wir lernen, ein für Gott und andere Menschen transparentes Leben zu führen, »mit abgedecktem Dach« und »niedergerissenen Mauern«. Wir sollten es uns zur Gewohnheit machen, unsere geistliche Bedürftigkeit vor Gott und anderen Menschen zuzugeben und auszudrücken.

Wenn wir Gott gegenüber mit »abgetragenem Dach« leben, bringt unsere Herzenseinstellung zum Ausdruck: »Nicht mein Vater, nicht mein Bruder, nicht mein Partner, nicht meine Kinder, nicht mein Arbeitskollege, nicht mein Chef, nicht der Jugendleiter oder Pastor, sondern *ich selbst* benötige Gebet!« Gott gegenüber transparent zu leben, bedeutet, dass ich nicht länger anderen die Schuld zuschiebe, sondern die persönliche Verantwortung für meine Sünden übernehme. Solange ich noch mit dem Finger auf andere zeige, gibt es keinen

Zerbruch. Innerer Zerbruch heißt, für meine Sünden keine Ausreden zu haben, sie nicht zu verteidigen, sie nicht zu rationalisieren.

Wenn ich meine Bedürftigkeit vor Gott zugebe, singe ich mit dem Liederdichter:

> *Da ich Dir nichts bringen kann,*
> *schmieg' ich an Dein Kreuz mich an;*
> *nackt und bloß, o kleid' mich doch!*
> *Hilflos, ach erbarm' Dich noch!*
> *Unrein, Herr, flieh' ich zu Dir!*
> *Wasche mich, sonst sterb' ich hier!*[3]

Vielen von uns fällt es leichter, »unser Dach vor Gott abzudecken«, als »die Mauern vor unseren Mitmenschen niederzureißen« – für sie transparent zu sein und ihnen ehrlich zu begegnen. Wir arbeiten hart daran, bei anderen einen guten Eindruck zu hinterlassen, da wir möchten, dass sie positiv von uns denken. Sobald wir jedoch vor Gott Buße tun und innerlich zerbrechen, werden wir es auch nicht mehr als Bedrohung empfinden, anderen gegenüber demütig und ehrlich zu sein – wir haben nichts zu verlieren, keinen Ruf, den wir wahren müssen – weil wir *gestorben* sind. Ein innerlich zerbrochener Mensch bittet andere bereitwillig, für sie in einem bestimmten Bereich ihres Lebens zu beten, in dem Gott an ihnen arbeitet, da sie auf diese Hilfe angewiesen sind. Gott gegenüber innerlich zu zerbrechen, zieht eine Offenheit anderen Menschen gegenüber nach sich. Wenn wir für andere Menschen transparent sind, kann Gott das wunderbar nutzen, um seine Gnade in unser Leben fließen zu lassen.

Als ich Mitte Zwanzig war, zeigte Gottes Geist mir zunehmend, dass ich die Angewohnheit hatte, in gewissen Situationen »die Wahrheit zu übertreiben« (»übertreiben« ist eigentlich ein anderes

Wort für »lügen«, das ich – wahrscheinlich aus Stolz und Hochmut – nicht gebrauchen möchte). Da ich bemüht war, einen guten Eindruck bei anderen zu hinterlassen, machte ich mich häufig schuldig, indem ich die Wahrheit »streckte«. Niemand wusste davon, und vielleicht hätten viele dieser Art von »Unwahrheit« auch relativ wenig Bedeutung beigemessen. Ich aber empfand im Herzen ein beinahe erdrückendes (aber gesegnetes!) Gefühl, dass Gott mich hier überführen wollte.

Ich bekannte vor Gott diese »Sünde der Unwahrheit« und fasste den Entschluss, fortan in jeder Situation die Wahrheit auszusprechen. Ich entdeckte jedoch bald, dass Lügen ein tiefgreifendes Problem in meinem Leben darstellten. Ich hatte mich festgefahren und meinte, nicht davon loskommen zu können. Erst nachdem ich schließlich bereit war, die Mauern um mich herum einzureißen, erlangte ich die Freiheit, die ich brauchte und nach der ich mich sehnte. Gott erinnerte mich an einen Grundsatz, den wir in Jakobus 5,16 finden: »*Bekennt nun einander die Vergehungen und betet füreinander, damit ihr geheilt werdet.*«

Ich werde nie vergessen, wie ich mich zwei gottesfürchtigen Menschen anvertraute, ihnen meine Sünde des Lügens bekannte und sie um Fürbitte bat. Das war eines der schwierigsten Dinge, die ich je in meinem Leben getan hatte. Ich hätte es mit Sicherheit vorgezogen, die Dinge allein mit dem Herrn zu regeln. Aber genau derselbe Stolz, der nicht bloßgelegt werden wollte, war auch die Ursache meiner Lügen. In dem Moment, in dem ich mich demütigte und diese Mauern niederriss, war der Stolz gebrochen, der mich gefangen gehalten hatte. Ich war frei geworden und durfte von nun an die Wahrheit sprechen.

Auch heute fällt es mir noch schwer, öffentlich über diese Angelegenheit zu reden. Aber ich weiß, dass jede Gelegenheit, mich zu demütigen, gleichzeitig Gelegenheit ist, mehr von seiner Gnade zu erfahren. Und das wird mich fähig machen, Gott in jedem Bereich meines Lebens zu gehorchen – und ehrlich zu sein.

4. Tun Sie alles, von dem Sie wissen, dass Gott es von Ihnen möchte

Im Leben vieler von uns gibt es bestimmte Punkte, in denen wir Gott noch nicht vollständig gehorchen, obwohl er uns an dieser Stelle etwas Bestimmtes gezeigt hat. Unser Stolz lässt uns widerstehen oder unseren Gehorsam hinausschieben. Ein demütiges, innerlich zerbrochenes Herz würde einfach sagen: »Ja, Herr! Mach es so, wie du es für richtig hältst. Du bist der Töpfer, ich bin der Ton.«

Vor einigen Jahren begann ich zu realisieren, dass das Fernsehen zu einem Hindernis in meiner Beziehung zum Herrn geworden war. Ich lebe allein und nutzte den Fernseher als »Partnerersatz«, wenn ich nach einem langen Arbeitstag nach Hause kam. Ich wusste, dass es der Beziehung zu meinem Herrn zugute kommen würde, den Fernseher abzuschaffen. Aus irgendeinem Grund jedoch weigerte ich mich, diesen Schritt zu tun. Ich muss beschämt zugeben, dass ich mit diesem Problem noch Monate lang zu kämpfen hatte, bis ich schließlich nachgab. Mein Widerstand hatte sich auf die falsche Annahme gestützt, durch das Abschaffen des Fernsehers etwas zu verlieren. Die unglaubliche Freiheit und große Frucht jedoch, die aus dieser Kapitulation hervorgingen, überstiegen den vermeintlichen Verlust bei Weitem.

Vielleicht meinen Sie, ich würde zu viel Aufhebens um diese Sache machen oder Ihnen nahelegen wollen, in Zukunft nicht mehr fernzusehen. Ich schreibe Ihnen nicht vor, was Sie tun oder lassen sollen. Noch unterstelle ich, dass Fernsehen von Natur aus sündhaft ist. Ich behaupte aber: Wenn wir den Segen inneren Zerbruchs empfangen möchten, müssen wir Gott gehorchen, wenn er an einem Problem unseres Herzens arbeitet. Es spielt dabei keine Rolle, um welche Art von Problem es sich handelt, noch wie schwer es vielleicht für unser Fleisch ist, ein Ja zu Gottes Weg zu finden.

Für mich stellte sich nicht so sehr als Problem dar, *was* ich mir im Fernsehen anschaute (obwohl ich, nachdem ich den Apparat dann endlich abgeschafft hatte, merkte, wie sehr ich Dingen gegenüber schon abgestumpft war, die dem Herrn nicht gefielen). Problematisch war, dass ich mich der Führung durch den Geist Gottes widersetzt hatte. Ich hatte in diesem Fall seine Autorität in meinem Leben ignoriert.

Ich hatte mich festgefahren und meinen Willen Gott gegenüber verhärtet. Mein Herz war nicht mehr weich und biegsam und sprach auf die Leitung des Geistes Gottes nicht mehr an. Das eigentliche Problem bestand nicht darin, ob ich Fernsehen schaute oder nicht, sondern ob ich meinen Weg stolz oder innerlich zerbrochen weitergehen würde.

Viele von uns würden sich niemals Gott offensichtlich widersetzen, indem sie zum Beispiel Ehebruch begehen, Geld der Gemeinde veruntreuen oder irgendeine andere grobe Sünde begehen. Eine »kleine« Angelegenheit jedoch bei mir oder Ihnen, in der wir uns nicht demütigen und vor Gott zerbrechen, reicht aus, dass Gott sich gezwungen sieht, uns Widerstand zu leisten. Denn er widersteht immer den Stolzen – ob es sich um einen Gotteslästerer oder einen Ehebrecher handelt, einen Pastor oder eine Mutter.

»Carl« ist ein texanischer Geschäftsmann, der vor einigen Jahren von Gott überführt wurde. Jahre zuvor war er als Zeuge vor Gericht geladen worden. Er hatte unter Schwur absichtlich ausweichende

Antworten gegeben, da er eine der beteiligten Parteien schützen wollte. Er hatte trotz seines Schwurs nicht die »volle Wahrheit« gesagt.

Jahre später ließ Gott mitten in der Nacht diese Angelegenheit wieder in seinem Herzen auftauchen, die Carl längst als »abgeschlossenen Fall« *ad acta* gelegt hatte. Er wusste, dass er riskieren würde, wegen Meineids angeklagt zu werden, würde er die Sache bereinigen wollen. Er versuchte, sich vor Gott zu rechtfertigen. Er versuchte, einen Kompromiss auszuhandeln, indem er andere Sünden bekannte und versprach, andere Bereiche seines Lebens Gott zu übergeben. Gott aber nahm ihn nicht aus der Verantwortung. Schließlich fand Carl ein »Ja« zu Gottes Weg. Er meldete sich telefonisch beim Gericht und schilderte einem Angestellten die Situation. Er gestand, damals im Zeugenstand unehrlich ausgesagt zu haben, und erklärte, dass Gott ihm deutlich gemacht habe, die Sache richtig zu stellen. Carl musste zwölf Monate warten, bis er die Antwort bekam, dass keine der beteiligten Parteien den Fall noch einmal aufzurollen wünschte.

Während dieses einen Jahres, das scheinbar nie zu Ende gehen wollte, führte Gott Carl in einen tiefen inneren Zerbruch, der in seinem Leben so dringend nötig war. Als Carl das erste Mal auf Grund seiner Zeugenaussage mit dieser Angelegenheit konfrontiert wurde, war er ein stolzer Mann. Er war ein anspruchsvoller Ehemann und Vater. Er war überzeugt, sein eigenes geistliches Leben sei in Ordnung, das seiner Frau und Kinder aber leide Mangel. Heute gibt er zu, dass er in der Gemeinde, in der er als Diakon diente, gut dastehen wollte und sich aus diesem Bestreben heraus ständig um die Angelegenheiten seiner Frau und Kinder gekümmert habe.

Die Entscheidung, sich zu demütigen und sich bei Gericht zu melden, erwies sich als ein erster Schritt in Richtung Zerbruch. Gott unterzog Carl eines ausgedehnten Prozesses, in dem er die verschiedenen Schichten von Stolz entfernte, die Carl nie wahrgenommen hatte. Sein Gehorsam in dieser einen schwierigen Angelegenheit öffnete die Tür, damit Gottes Gnade in jeden Bereich seines Lebens eindringen konnte. Er wandte sich seiner Frau und seinen Kindern ganz neu zu, und deren Herzen wandten sich dem Herrn zu. Er erlangte zunehmend ein größeres Ausmaß an Freiheit, Mitgefühl und Empfindsamkeit gegenüber dem Herrn und anderen Menschen.

Was möchte Gott Ihnen sagen?

Hat Gott während der Lektüre dieses Buches an Ihrem Herzen angeklopft? Möchte er mit Ihnen einen Schritt in Richtung inneren Zerbruchs gehen? Dieser Schritt kann bedeuten, dass ...

- Sie auf die Knie gehen und Gott bekennen, dass Sie ihn *brauchen*, dass Sie bisher versucht haben, durch eigenes Bemühen ein christlich orientiertes Leben zu führen, dass sie eigenständig und unabhängig von ihm gelebt haben;
- Sie eine geistliche Not in Ihrem Leben mit einem anderen Gläubigen besprechen und ihn bitten, für Sie zu beten und Ihnen zu helfen, Verantwortung zu übernehmen;
- Sie jemanden anrufen oder besuchen, gegen den Sie gesündigt haben, sich vor ihm demütigen und ihn um Vergebung bitten – Ihre Mutter oder Ihren Vater, Ihr Kind, Ihren Partner, Ihren Ex-Partner, eine Freundin, einen Pastor, einen Nachbarn, einen Arbeitgeber oder sonst jemanden, den Gott Ihnen aufs Herz gelegt hat (während ich heute an diesem Buch arbeitete, musste ich auch einen solchen Anruf tätigen);

- Sie vor Ihrer Familie, Ihren Geschwistern, Ihrem Hauskreis oder ihren Kollegen einräumen müssen, heuchlerisch gewesen zu sein und nicht das Leben geführt zu haben, das Sie vor anderen bekundet haben;
- Sie Ihr Gewissen hinsichtlich einer Angelegenheit aus der Vergangenheit, die Sie nie klargestellt haben, bereinigen müssen;
- Sie Entscheidungen Gott überlassen müssen hinsichtlich Ihrer Zukunft, Ihrer Karriere, Ihrer Ehe oder einer anderen besonderen Angelegenheit, in der Gott zu Ihnen gesprochen hat;
- Sie ein eventuelles Scheidungsverfahren einstellen sollen;
- Sie einen Teil Ihres Besitzes verkaufen, damit Sie mehr Geld in die Arbeit des Herrn geben oder einem anderen Gläubigen in Not weiterhelfen können;
- Sie einer Nachbarin oder einer Kollegin das Evangelium weitersagen;
- Sie die Leitung einer kleinen Gruppe (in der Gemeinde) oder die Verantwortung für eine andere Tätigkeit übernehmen, auch wenn Sie sich dafür nicht geeignet halten;
- Sie bekennen, sich nie wirklich bekehrt zu haben und erst noch wiedergeboren werden müssen.

Vielleicht sind Sie der Meinung, Sie können das nicht. Oder Sie verhandeln mit Gott: »Ich würde auf jeden zugehen, aber nicht auf diese Person. Ich würde alles tun, aber nicht diese eine Sache ...«

Liebe Leserin, lieber Leser, wenn Sie den Segen inneren Zerbruchs empfangen möchten, wenn Sie Ihr Herz von Gott erneuern lassen möchten, dann müssen Sie geradewegs den Weg einschlagen, den Ihr Stolz Ihnen verbietet.

Ich halte landesweit Vorträge auf Frauenkonferenzen. Wenn ich über das Thema des inneren Zerbruchs referiere, stelle ich zum

Abschluss in der Regel folgende Frage: »Wie viele von Ihnen wissen, dass Gott von Ihnen möchte, einen Schritt in Richtung innerer Zerbruch zu gehen, kämpfen jedoch innerlich dagegen an und lassen sich von ihrem Stolz abhalten?« Es melden sich immer viele mit Handzeichen. Ich sage diesen Frauen dasselbe, was ich auch Ihnen sagen möchte: Der innere Kampf wird in dem Moment aufhören, in dem Sie die weiße Flagge der Kapitulation schwenken und ein Ja zu Gottes Weg finden. Je länger Sie aufschieben, je erbitterter Sie Widerstand leisten, desto schwerer wird es sein, Gott zu gehorchen. Zögern Sie nicht länger. Sie können sich kaum die Freude vorstellen, die Sie auf der anderen Seite des Kreuzes erwartet, die Kraft seiner Auferstehung, die Sie erleben, wenn Sie Ihr Ich aufgeben, und die innere Ganzheit, mit der Sie aus Ihrem Zerbruch hervorgehen werden.

»Vater, wir bekennen, dass wir deine Gnade sehr nötig haben – die Gnade, die dich dazu treibt, unsere Herzen zu suchen. Wir brauchen deine Gnade, um dir das Opfer eines zerbrochenen, zerschlagenen Herzens zu bringen; Gnade, um unseren Stolz und Eigenwillen abzulegen; Gnade, um den Weg der Demut zu gehen, so wie auch unser geliebter Heiland sich für uns gedemütigt hat; und Gnade, um unser Leben auf ihn zu bauen als unsere einzige Hoffnung auf ewige Errettung. Möge durch unseren inneren Zerbruch Christus erkannt, gepriesen, geliebt und von anderen Menschen angebetet werden, bis er wiederkommt, um alles neu zu machen. Amen.«

Nachwort

Ein persönliches Zeugnis

*»Es ist ausgezeichnet,
ein zerschlagenes Herz zu haben.
Ebenso ist es sehr vorteilhaft,
dieses zerschlagene Herz sensibel zu halten.«*

John Bunyan[1]

Manchmal wünschte ich, ich hätte zwanzig weitere Jahre gewartet, bevor ich mich einverstanden erklärt hätte, dieses Buch zu schreiben. Noch während ich daran schrieb, wurde ich mit der Tatsache konfrontiert, dass das Thema des inneren Zerbruchs sehr umfassend und tiefgreifend ist. Ich habe den Eindruck, Gottes Wege nur in sehr geringem Ausmaß erfasst zu haben in Bezug auf das Verstehen und Erleben eines »zerbrochenen und zerschlagenen Geistes«. Aber ich weiß, dass Gott ein solches Herz schätzt und sucht und aufbaut. Und deshalb begebe ich mich trotz häufiger Fehlschläge jeden Tag neu auf eine lebenslange Pilgerfahrt, um die Art von Herz zu fördern, die Gott erneuert.

Ich hatte davon erzählt, wie Gott auf dem Treffen im Juli 1995 auf gnädige Art und Weise Menschenherzen bewegt hat, um Männer und Frauen in den inneren Zerbruch zu führen. Während dieser Woche wurden Hunderte von Männern und Frauen neu belebt, da sie Gott das Opfer eines zerbrochenen und zerschlagenen Herzens darbrachten.

Wenn wir anderen Menschen dienen, beabsichtigt Gott in der Regel nicht nur damit, diejenigen zu verändern, zu denen wir sprechen, sondern auch uns selbst. So erging es auch mir während dieser Woche. Gott wusste genau, dass in meinem Leben ein Mangel an Demut und innerem Zerbruch herrschte und ich Erneuerung brauchte.

Das Treffen im Juli 1995 führte zu einigen bedeutenden Veränderungen und Herausforderungen in meinem Leben und Dienst. In den darauffolgenden Wochen und Monaten fanden Zehntausende von Audio- und Videokassetten meiner Vorträge über inneren Zerbruch innerhalb der gesamten Nation und auf der ganzen Welt Verbreitung. Man bot mir viele neue Möglichkeiten zum Dienst an, und die Anzahl der Einladungen, auf weiteren Treffen zu sprechen, wuchs.

Viele Menschen, die die Botschaft entweder in Colorado selbst oder auf Band oder Video gehört hatten, schrieben mir ihre Geschichte. Andere wiederum hielten mich unterwegs an und erzählten mir, wie Gott diese Botschaft in ihrem Leben oder im Gemeindeleben benutzt hatte. Ich war wirklich dankbar und mit tiefer Ehrfurcht erfüllt über das, was Gott getan hatte. Diese ganze Aufmerksamkeit jedoch nährte neu ein Feuer in mir, gegen das ich lange angekämpft hatte – das heftige Verlangen nach Applaus von Menschen und nach ihrer Anerkennung.

Viele Jahre zuvor hatte ich diese Sünde vor dem Herrn bekannt und infolge dieses inneren Zerbruchs ein großes Maß an Freiheit und Sieg erlebt. In den folgenden Monaten nach dem *Campus-Crusade*-Treffen merkte ich jedoch zunehmend, dass ich dieser Begierde nach Lob durch Menschen wieder verfallen war. Ich genoss es, wenn Leute davon berichteten, wie Gott mich benutzt hatte. Ich war rasch bei der Hand, schmeichelhafte Briefe, E-Mails und Rezensionen bezüglich meines Dienstes weiterzugeben. Ich wollte, dass man eine hohe Meinung von mir hat. Ich sah meinen Namen gerne abgedruckt und unternahm manchmal Schritte, um sicherzustellen, dass mir die volle Anerkennung zuteil wurde. Selbst während ich diese Worte schreibe, muss ich traurigerweise feststellen, dass ich dazu neige, dem die Ehre zu nehmen, dem sie allein gebührt.

Die Anzahl meiner Dienste nahm stark zu. Und so auch der Kampf gegen den Stolz und die Begeisterung über mich selbst – auch dann, wenn ich durchs Land reiste und die Botschaft über Demut und inneren Zerbruch predigte. Ich wusste, dass ich Sünde und Stolz nur überwinden konnte, indem ich mich »hinaus ins Licht bewegte« – das »Dach vor Gott abdeckte« und »die Mauern um mich herum niederriss«. Ich war bereits vor Gott ins Licht getreten, aber mir wurde bewusst, dass ich mich auch vor anderen Menschen demütigen musste, um die Axt an der Wurzel dieses giftigen Stolzes in meinem Herzen anzusetzen.

Eines Morgens verspürte ich, wie der Herr mich drängte, einen Brief an etwa einen Dutzend meiner »Gebetsfreunde« zu schreiben – Männer und Frauen, von denen ich wusste, dass sie auf meine Seele Acht hatten. Ich gestand ihnen meine Sünde und bat sie, um Befreiung in dieser Sache zu beten. Allein die Tatsache, diesen Brief zu schreiben und abzuschicken, war ein wichtiger Schritt des inneren Zerbruchs für mich und setzte einen Prozess persönlicher Erweckung und Erneuerung in Gang. Diesen ersten Schritt der Demut nutzte Gott dazu, mein Leben mit der dringend benötigten Gnade neu zu füllen.

Einer dieser »Gebetsfreunde« schrieb mir zurück und teilte mir mit, welcher Gedanke ihm während der Fürbitte für mich gekommen war:

»Vielleicht könntest du einige Zeit lang Briefe sammeln, in denen dir Anerkennung oder Lob ausgesprochen wurde, ebenso alles, was dir Anlass zum Stolz gibt. Hast du einen Kamin? Wenn ja, nimm dir jede Woche ein paar Briefe vor, lies sie noch einmal durch und verbrenne sie dann als symbolische Geste. Sag' dem Herrn, dass du weißt, dass eines Tages alles durchs Feuer geprüft wird und nur die goldenen, silbernen und wirklich kostbaren Dinge bestehen bleiben werden.

Vielleicht fügst du ein Gebet hinzu, das etwa folgendermaßen lauten könnte: ›Herr, ich vernichte alle diese Worte, die mich zu Hochmut oder Stolz verleiten. Du allein weißt, was vor dir rein ist und für immer währt. Ich möchte, dass nur das in meinem Leben sichtbar wird, was dir gefällt!‹ Ich denke, dass eine solche Geste des Entsagens und Gehorsams einen tiefen Einfluss auf dein Herz haben könnte.«

Als ich diesen Vorschlag las, wurde mir unweigerlich klar, dass Gott durch seinen Diener zu mir gesprochen hatte. Ich wanderte augenblicklich in Gedanken zu einem prall gefüllten Aktenordner in meinem Arbeitszimmer, der »Andenken« in Verbindung mit dieser Woche im Sommer 1995 enthielt. Ich hatte in diesem Ordner viele schmeichelhafte Briefe, veröffentliche Berichte und Artikel über dieses Ereignis, Nachdrucke meiner Botschaft in anderen Publikationen, Anfragen mit der Bitte um Abdruckgenehmigung und weitere sehr positive Reaktionen aufbewahrt.

Gott zeigte mir, dass der Inhalt dieses Aktenordners meinen Stolz genährt hatte und Mittel für den Feind geworden war, in meinem Leben Fuß zu fassen. Ich glaube, ich hatte diesen Aktenordner die vorangegangenen zwei Jahre nur geöffnet, um weitere Briefe oder Artikel hinzuzufügen. Aber allein seine Existenz war wichtig für mich. Er stand symbolisch für die stets wachsende Anerkennung, die auf Grund von Gottes Wirken *mir* entgegen gebracht wurde, und ich genoss sie. Es tat gut zu wissen, dass ich in schweren Zeiten durch die in diesem Ordner gesammelten Lobeshymnen Auferbauung erfahren würde.

Es war Gottes Wille, dass ich einige Wochen, nachdem ich diesen Brief erhalten hatte, in derselben Stadt zu tun hatte, in der dieser Mann und seine Frau wohnten (ich war nie zuvor dort gewesen). Ich nahm Kontakt mit ihnen auf und erklärte ihnen, was der Herr mir klargemacht hatte. Ich bat sie, Zeuge zu sein, wenn ich das Material verbrennen würde. Sie willigten dankbarerweise ein.

Ein Eintrag in mein Tagebuch aus dieser Zeit vermittelt einen persönlichen Eindruck davon, was in meinem Herzen vorging:

»Während ich diesen Prozess durchlaufe, stirbt in mir etwas – das Verlangen, die Worte des Lobes immer wieder zu lesen; das

Verlangen, anderen Menschen Schriften aus diesem Ordner zum Lesen zu geben, um sie damit zu beeindrucken; das Verlangen, persönliche Bestätigung und Wertschätzung durch diese schmeichelhaften Worte zu erlangen.

Diese Übung trifft mitten ins Zentrum einer der tiefsten Nöte in meinem Leben. Das Fleisch stirbt nur sehr langsam – ich weiß aber, dass es jenseits des inneren Zerbruchs Heilung gibt und jenseits des Todes das neue Erleben seines Lebens in Fülle.

Oh Gott, ich bete dafür, dass du mir ein größeres Maß an innerem Zerbruch, Reue und Demut schenkst, als ich je gekannt habe. Setze die Axt an der Wurzel des Stolzes in meinem Leben an. Ich tue Buße über diesen scheußlichen, selbstgefälligen, sich selbst lobenden, selbstsüchtigen Stolz, der meine Motive, meine Gedanken und meinen Dienst für dich so stark beschmutzt hat.

Bitte löse die Fesseln des Stolzes in meinem Leben. Mache mich frei, damit ich dich lieben, preisen und anbeten kann, dich allein. Mehr als alles andere möchte ich, dass du in meinem Leben verherrlicht wirst.«

Einige Wochen später saßen dieses Ehepaar und ich gemeinsam in ihrem Wohnzimmer vor dem Kamin. Nachdem wir in der Bibel gelesen und zusammen gebetet hatten, warf ich den gesamten Inhalt dieses Aktenordners – nach und nach eine Handvoll – ins Feuer. Ich hatte bereits vorher alles dem Herrn hingelegt.

In den darauffolgenden Tagen schenkte Gott mir zunehmend ein ungewohntes Empfinden seiner freundlichen Gegenwart. Ich öffnete mich ihm gegenüber immer mehr, und sein Wort erreichte auf sehr persönliche und bereichende Art mein Herz, wie es schon lange nicht mehr der Fall gewesen war. Kurz nachdem ich diesen besonderen Prozess des inneren Zerbruchs durchlaufen hatte, schenkte

Gott mir einen neuen Einblick und neue Führung in Bezug auf meinen zukünftigen Dienst.

Möglicherweise kämpfen auch Sie gegen dieses heftige Verlangen nach Anerkennung und Lob. Der Stolz in Ihrem Herzen kann sich auf unterschiedliche Art und Weise manifestieren. Egal welcher besonderen Natur Ihr Kampfplatz ist, der springende Punkt ist, dass der Stolz und das Ich sterben müssen. Wenn wir innerlich zerbrochen sind, werden wir erleben, wie das Auferstehungsleben, der Wohlgeruch des Herrn Jesus und die Kraft des Geistes Gottes sich in uns entfalten.

Gesprächsführer

Zu Beginn

Die Vorstellung, innerlich zerbrochen zu werden, kann beängstigend und bedrohlich wirken, besonders wenn Sie sich mit anderen Menschen darüber austauschen. Jeder von uns erliegt häufig der Versuchung, mehr darum besorgt zu sein, was andere denken als darüber, was Gott denkt; hat Angst davor, seine Nöte und sein Versagen bloßzulegen und sich auf sündige Art und Weise mit anderen zu vergleichen.

Seien Sie sich dieser Versuchungen bewusst. Bitten Sie Gott um Gnade, damit sich in Ihrer Gruppe eine Atmosphäre der Demut und Transparenz entwickeln kann. Respektieren Sie, wie Gott im Leben eines jeden arbeitet. Reden Sie nicht über die inneren Kämpfe oder Sünden mit den Menschen, die nicht in diesen Prozess einbezogen sind.

Öffnen Sie Ihr Herz dem Herrn und den Teilnehmern der Gruppe gegenüber. Denken Sie daran, dass innerer Zerbruch und Demut Schlüssel sind, die Gott benutzt, um reichen Segen in Ihrem Leben und Ihren Beziehungen freizusetzen.

Ziele für die Gruppenarbeit

Dieser Gesprächsführer bietet Ihnen Vorschläge zur Diskussion des Themas »Innerer Zerbruch«. Ich hoffe jedoch, dass Sie Ihre gemeinsame Zeit nicht nur mit Diskussion ausfüllen, sondern auch zum geistlichen Wachstum nutzen! Bitten Sie den Herrn, das Herz eines jeden Teilnehmers tief zu durchdringen und Ihnen zu zeigen, wie Sie die neu erfassten Wahrheiten in Ihrem Leben umsetzen können.

Ziel ist nicht, die Botschaft dieses Buches zu bewältigen, sondern sich von dieser Botschaft *über*wältigen zu lassen, um in das Bild unseres Herrn Jesus verwandelt zu werden. Richten Sie Ihre Aufmerksamkeit auf ihn und die Kraft des Evangeliums, Leben zu verändern. Denn losgelöst von dieser herrlichen Hoffnung werden Ihre Bemühungen, sich zu verändern, nichts als Selbstgerechtigkeit oder größeres Versagen und größere Frustration nach sich ziehen.

Tipps für Gruppenleiter

Beginnen und beenden Sie jedes Treffen mit einem gemeinsamen Gebet. Bitten Sie den Herrn, dass er Sie durch das Wort führt, dass er Ihnen hilft, ehrlich miteinander umzugehen und jede Veränderung in den Herzen des Einzelnen herbeiführt, die nötig ist.

Versuchen Sie, als Beispiel voranzugehen. Sie dienen Ihrer Gruppe am besten, wenn Sie ein Leben in Hingabe vorleben – indem Sie schnell zu einem *Ja, Herr* finden und andere ermutigen, es genauso zu tun.

Einige Fragen in diesem Gesprächsführer verlangen ein hohes Maß an Transparenz und Offenheit, was viele Leute nicht gewohnt sind. Halten Sie die Teilnehmer Ihrer Gruppe dazu an, die Privatsphäre des anderen zu respektieren und nicht außerhalb dieser Gruppe über die Beiträge zu sprechen. Erinnern Sie sie daran, dass Gott geduldig und gnädig mit uns ist, während er uns dem Bild seines Sohnes gleich macht. Und dass wir uns genau mit derselben Geduld und Güte begegnen müssen.

Dieser Gesprächsführer kann auf verschiedene Art und Weise eingesetzt werden – in kleinen Gruppen bis hin zu Bibelstunden. Nehmen Sie sich die Freiheit, die Diskussion auf die Größe der

Gruppe und die zur Verfügung stehende Zeit abzustimmen. Vermeiden Sie Zeit raubende Ausschweifungen zu nebensächlichen Fragen, die nicht mit dem Thema im Zusammenhang stehen. Setzen Sie sich jedoch auch nicht unter Druck, alle Fragen besprechen zu müssen, wenn Sie sich treffen.

Je nach der Ihnen zur Verfügung stehenden Zeit, der Größe Ihrer Gruppe und der Offenheit untereinander gelingt es Ihnen vielleicht nur, zwei oder drei Fragen zu diskutieren. Ziel ist es, Gott und seine Wege besser zu verstehen und sowohl einzeln als auch in der Gruppe zu erleben, dass die Botschaft dieses Buches wahr ist.

Konzentrieren Sie sich in der Gruppe auf die Wahrheit des Evangeliums: Wir *alle* sind Sünder und brauchen einen Erlöser. Halten Sie die Teilnehmer dazu an, die Bekenntnisse der anderen Teilnehmer nicht zu verurteilen oder mit Selbstgerechtigkeit darauf zu reagieren, um die eigene Leistung hervorzuheben. Weisen Sie auf den Einen hin, der zugleich Anfänger und Vollender ihres Glaubens ist (Hebr 12,2).

Einleitung

Einstieg

Was hat Sie motiviert, dieses Buch zu lesen oder an dieser Gruppe teilzunehmen? Welche Ängste oder Vorbehalte hatten Sie eventuell?

Einführendes Gebet

Lesen Sie laut das zu Beginn des Buches zitierte puritanische Gebet. Lesen Sie es entweder gemeinsam als Gruppe, oder lassen Sie einen oder mehrere aus der Gruppe nacheinander vorlesen, während die anderen zuhören.

Wie veranschaulicht dieses Gebet, dass Gottes Gedanken und seine Wege sich von unseren Gedanken und Wegen unterscheiden?

Vertiefung

1. Haben Sie jemals erlebt, wie echte Erweckung innerhalb einer Gruppe von Christen stattgefunden hat? Beschreiben Sie kurz, was Sie empfunden haben.
2. Welche Teile des Berichtes über das Treffen von *Campus Crusade* im Juli 1995 würden Sie besonders hervorheben? Was war charakteristisch für dieses wunderbare Wirken Gottes?

3. Haben Sie schon einmal in ähnlicher Weise wie die Teilnehmer am Treffen von *Campus Crusade* erlebt, auf so intensive Art der Sünde überführt zu werden? Was hat Gott in Ihrem Leben aufgedeckt? Wie sah das Ergebnis aus?

4. Was haben Sie empfunden, als Sie die während dieses Treffens öffentlich gemachten Sündenbekenntnisse gelesen haben? Hätten Sie sich in einer ähnlichen Situation auch offenbart oder zurückgehalten? Warum?

5. »*[Demut] ist Gottes Anweisung zur Heilung belasteter menschlicher Herzen und Beziehungen*« (S. 18). Welche Bibelstellen kennen Sie, die diesen Punkt unterstützen? Warum können Sie dieser Aussage zustimmen?

6. »*In dem riesigen Zuhörersaal demütigten sich Hunderte von Männern und Frauen vor Gott und voreinander. Ehemänner und Ehefrauen, Eltern und junge Menschen, Kollegen, Leiter und Mitarbeiter – traten sich und Gott ehrlich gegenüber. In den darauffolgenden Tagen wurde seit Jahren gegeneinander gehegter Groll ans Licht gebracht und Verletzungen einander vergeben, die zum Teil Jahrzehnte zurücklagen ... In seiner Gegenwart wurden Heuchelei und Masken abgelegt*« (S. 15f).

Versuchen Sie sich vorzustellen, was wäre, wenn Millionen von Christen in diesem Land und auf der ganzen Welt sich in gleicher Weise demütigen würden. Wie würde es dann in unseren Gemeinden aussehen? Wie würde es in unserem Zuhause aussehen? Wie würde Ihr Leben sich verändern? Welchen Einfluss hätte das auf die verlorene Welt?

Dranbleiben

Ab Seite 65 finden Sie eine Liste von Problemen, die ihre Wurzel im Stolz haben – die jedoch durch echten inneren Zerbruch und Demut gelöst werden können. Überlegen Sie, welche dieser Probleme auf Ihr eigenes Leben zutreffen. Notieren Sie in den folgenden Tagen alle Bibelstellen, wo der Herr diese Sache direkt anspricht oder Ihnen seine Hilfe zusagt, sich durch seine Gnade zu verändern. Seien Sie bereit, Ihr Problem beim nächsten Treffen den anderen Gruppenteilnehmern zu schildern.

Impuls

Die Einleitung dieses Buches schließt mit einem Verweis auf die in dem puritanischen Gebet eingenommene Sichtweise – der Weg, der abwärts geht, führt nach oben; der Tod lässt Leben entstehen; ein zerbrochenes Herz ist ein geheiltes Herz. Diese Vorstellung wird bei Ihnen möglicherweise Unbehagen auslösen. Gott aber verspricht, seine Gnade auf den *Demütigen* auszugießen. Genau das, dem wir uns von Natur aus widersetzen – nämlich uns zu demütigen –, wird zum Segen, nach dem wir uns sehnen und den Gott uns schenken möchte.

Kapitel 1

Der Kern der Sache

Einstieg

Auf Seite 22 lesen wir, wie Wayne Stanford auf die biblische Erzählung von Naaman reagiert. Er stellt fest, dass er genauso wie Naaman gehandelt hätte, wäre er einer vergleichbaren Belastung ausgesetzt gewesen – auch er hätte versucht, sich von seinen Problemen loszukaufen. Können Sie sich erinnern, sich einmal ähnlich verhalten zu haben? Oder jemand anders? Wie hat das nach außen gewirkt? (Sollten Sie von jemand anderem erzählen, dann halten Sie sich auf jeden Fall allgemein, und vermeiden Sie, die Sünde eines anderen Menschen bloßzulegen!)

Rückblick

Aufgabe für heute war, einige spezifische Probleme in Ihrem Leben oder in Ihren Beziehungen zu anderen Menschen ausfindig machen, deren Ursache Stolz ist. Sie sollten die Bibel aufmerksam studieren auf Verse hin, die sich auf diese Bereiche beziehen. Nehmen Sie sich einige Minuten Zeit, um den anderen Teilnehmern weiterzugeben, was Gott Ihnen seit dem letzten Treffen möglicherweise gezeigt hat.

Vertiefung

1. Nach außen hin waren Wayne und Gwyn Stanford bereits »gute Christen«, bevor sie 1982 das von ihnen geschilderte einschneidende Erlebnis hatten. Was lief in ihrem Leben - laut ihres eigenen Zeugnisses - falsch? Wie würden Sie ihren *wahren* Zustand zu jener Zeit beschreiben?
2. Befanden Sie sich in Ihrem Leben schon einmal in einem geistlichen Zustand, der dem von Wayne oder Gwyn vor ihrer Begegnung mit Gott 1982 entsprach?
3. Erinnern Sie sich an eine Zeit, in der Ihre Beziehung zu einer anderen Person durch Ihren Stolz oder Ärger beeinträchtigt wurde? Wie wurde das Problem gelöst?
4. Damit wir das Evangelium und unseren Retter zu schätzen wissen, müssen wir erkennen, dass wir sündig sind und dringend seine Gnade brauchen. So erging es Gwyn. Beschreiben Sie einen dieser Momente in Ihrem Leben. Es spielt dabei keine Rolle, ob Sie gerade frisch bekehrt oder schon länger Christ waren.
5. Welche Auswirkungen hatte dieser Moment? Inwiefern hat die Gnade der Buße Ihre Beziehung zu Gott beeinflusst?
6. Gwyn wurde »*bewusst, dass sie trotz ihres religiösen Auftretens und ihrer religiösen Aktivität nie wirklich wiedergeboren war*« (S. 23). Glauben Sie, dass man in der heutigen Gemeinde selten oder eher häufiger auf Menschen stößt, auf die dasselbe zutrifft? Aus welchem Grund kommt dies häufiger vor, als man vermutet?
7. Warum legt die Bibel einen viel stärkeren Akzent auf die Haltung des *Herzens* als auf das bloße äußere Auftreten?
8. Nennen Sie einige Veränderungen in Waynes und Gwyns Leben, nachdem Gott an ihren Herzen gearbeitet hat (S. 26f).

9. *»Wie steht es mit Ihnen? In welchem Zustand befindet sich Ihr Herz?«* (S.
   28). Falls Sie die Freiheit haben, nehmen Sie die anderen Gruppenteilnehmer mit hinein in einen Bereich Ihres Lebens. Es soll
   dabei um einen Bereich gehen, der nach außen hin zufriedenstellend wirkt, in dem jedoch ihre *Herzenseinstellung* nicht so ist,
   wie sie sein sollte – Gott weiß das und auch Sie selbst. Nehmen Sie
   sich Zeit zum Gebet, und bitten Sie Gott um neue Demut, Gnade
   und Erweckung in Ihrem Leben und dem der anderen.

Dranbleiben

Am Ende des Kapitels wurden Sie ermutigt, mit dem großen Arzt einen
Termin zu vereinbaren und ihn zu bitten, Ihr Herz zu überprüfen, wie
es in Psalm 139,23 steht: *»Erforsche mich, Gott, und erkenne mein Herz.«*
Nehmen Sie sich bis zum nächsten Treffen Zeit dafür. Warten Sie ruhig
auf den Herrn und lassen Sie sich zeigen, was er sieht. Lesen Sie
anschließend Psalm 32,1-5, um daran erinnert zu werden, wie Gott
reagiert, wenn jemand sich demütigt und seine Sünden bekennt.

Impuls

Sie werden vielleicht überrascht sein, wenn der Geist Gottes Ihnen
Bereiche in Ihrem Leben, bestimmte Motive oder Herzenseinstellungen zeigt, die Sie nie zuvor berücksichtigt haben. Seien Sie
versichert, dass der Große Arzt uns nicht entlarvt oder bloßstellt
ohne die Absicht, uns zu heilen und zu erneuern. Ziel jeder
»Diagnose«, die Sie während Ihrer Hausaufgabe möglicherweise
erhalten, ist die liebevolle Korrektur eines Vaters.

Kapitel 2

Was ist Zerbruch?

Einstieg

In Kapitel 2 wird innerer Zerbruch mit dem Zureiten eines Pferdes verglichen. Hat irgendjemand aus der Gruppe einmal ein Pferd zugeritten oder dabei zugesehen? Wie hat das auf Sie gewirkt?

Rückblick

Haben Sie sich Zeit genommen, um auf den großen Arzt zu hören? Was hat er Ihnen offenbart? Wie haben Sie auf seine »Diagnose« reagiert?

Vertiefung

1. Was haben Sie sich unter Zerbruch vorgestellt, bevor Sie dieses Buch gelesen haben? Hatten Sie eine falsche Auffassung davon? Inwiefern hat Ihnen dieses Kapitel geholfen, besser zu verstehen, was innerer Zerbruch wirklich meint?
2. Warum haben wir Ihrer Meinung nach eine natürliche Abneigung gegen die Vorstellung, innerlich zerbrochen zu werden? Warum haben manche Menschen vielleicht Angst davor?

3. Was wissen Sie über Gott und seine Wege? Wie könnte das dazu beitragen, solche Ängste abzubauen und Gläubige zu motivieren, den Weg des inneren Zerbruchs zu wählen?

4. Lesen Sie gemeinsam Jakobus 4,6-10. Erörtern Sie den Gegensatz zwischen dieser Textpassage und der vorherrschenden Denkweise in der heutigen Gesellschaft. Worin zeigt sich laut dieses Bibeltextes Stolz, und welche Auswirkungen hat er? Worin zeigt sich Demut, und wohin führt sie?

5. Was ist gemeint mit den Formulierungen »Dach abdecken, Mauern einreißen«? Was von beidem ist Ihrer Meinung nach schwieriger? Warum? Warum ist beides wichtig?

6. Welchen Einblick kann man in den Prozess und die Auswirkungen von innerem Zerbruch anhand von Jordans Erzählung in diesem Kapitel gewinnen?

7. Gibt es Bereiche in Ihrem Leben, die noch immer durch Eigenwilligkeit gelenkt werden?

8. Inwiefern hat dieses Kapitel Ihre Sichtweise von Gott und seinem Wirken in Ihrem Leben beeinflusst?

Dranbleiben

Üben Sie sich bis zum nächsten Treffen darin, »Mauern einzureißen«.

Suchen Sie eine enge Freundin oder ein Familienmitglied auf, zu dem Sie Vertrauen haben – Ihren Ehemann, Ihre Gebetspartnerin, Ihre Mitbewohnerin etc. – und tun Sie Folgendes (eines davon oder beides):

- Vertrauen Sie ihr/ihm einen bestimmten Bereich Ihres Lebens an, in dem Sie mit geistlicher Not, Sünde oder sich wiederholenden Niederlagen zu kämpfen haben. Bitten Sie diese Person, für Sie zu beten.

- Bitten Sie Ihre Freundin, Ihnen mitzuteilen, welche Bereiche in Ihrem Leben ihr Sorge bereiten – vielleicht ein »blinder Fleck«, den sie bei Ihnen beobachtet hat.

Falls Sie so etwas noch nie gemacht haben, sollten Sie vorab (a) Gott um Gnade bitten, die Hinweise der Person, der Sie sich anvertraut haben, in Demut annehmen zu können, und (b) dieser Person versichern, dass Sie die Wahrheit hören möchten und auf Grund ihrer Aussagen nicht gekränkt sein werden.

Impuls

Im Allgemeinen ist es viel einfacher, bei anderen Menschen Schwachpunkte oder Stolz zu erkennen als bei sich selbst! Sie werden wahrscheinlich nur ungern eine Ihnen nahe stehende Person bitten, sich über Ihren Charakter oder Bereiche in Ihrem Leben zu äußern, die veränderungsbedürftig sind (falls Sie dies noch nie getan haben). Seien Sie jedoch daran erinnert, dass geistliche Blindheit normalerweise auf Einseitigkeit beruht. Andere Menschen sehen Dinge in unserem Leben klarer, die wir selbst nicht erkennen oder die wir nicht in Angriff nehmen wollen.

Wenn wir andere darum bitten, unser Leben ehrlich zu betrachten, demonstrieren wir damit die horizontale Dimension inneren Zerbruchs. Unsere Beziehungen zu anderen Menschen werden dadurch gestärkt.

Es ist mit Sicherheit nicht leicht, unser Herz anderen gegenüber zu öffnen oder ehrliches Feedback zu erhalten. Aber es bietet

Gelegenheit, uns zu demütigen. Erinnern Sie sich daran ... auf dem Weg der Demut sind Sie immer auf dem richtigen Weg, weil Gott verspricht, seine Gnade auf den Demütigen auszugießen!

Kapitel 3

Porträts aus der Bibel

Einstieg

Denken Sie darüber nach, woran wir Sünden messen oder wie wir sie kategorisieren. Nennen Sie einige Sünden, die wir gewöhnlich als »schwere« Sünden bezeichnen. Welche Sünden betrachten wir in der Regel als relativ unbedeutend? Worin unterscheidet sich Gottes Perspektive in Bezug auf die Sünde von unserer Sichtweise?

Rückblick

Wie ist Gott Ihnen begegnet, als Sie eine Ihnen nahe stehende Person baten, Ihnen »blinde Flecken« in Ihrem Leben zu zeigen oder auf Grund einer geistlichen Not für Sie zu beten? Hat dieser Schritt der Demut Ihre Beziehung zu dieser Person gestärkt? Wie hat dieser Schritt Ihre Beziehung zu Gott beeinflusst?

Vertiefung

1. In diesem Kapitel haben wir einige sehr bekannte biblische Erzählungen und Gleichnisse hinsichtlich Stolz und Demut genauer unter die Lupe genommen. Haben Sie ein tieferes

Verständnis für eine dieser Geschichten entwickeln können? Haben Sie etwas entdeckt, was Ihnen vorher entgangen war?

2. Im Mittelpunkt dieses Kapitels stand die Betrachtung verschiedener biblischer Beispiele, in denen zerbrochene Menschen stolzen Menschen gegenübergestellt werden. Diese Personen unterschieden sich nicht so sehr darin, wie groß ihre Sünde war, sondern wie sie reagierten, als sie mit ihrer Sünde konfrontiert wurden.

Können Sie sich erinnern, mit Stolz reagiert zu haben, nachdem Gott oder eine andere Person Ihnen Ihre Sünde vor Augen geführt hat? Wie haben Sie genau reagiert? Wie würde eine demütige Reaktion aussehen?

3. Bei einigen der biblischen Charaktere, die wir in diesem Kapitel betrachtet haben, haben wir die Auswirkungen eines stolzen, ungebrochenen Herzens gesehen: Blindheit der eigenen Sünde gegenüber und der Erkenntnis der Notwendigkeit eines Retters; Kritik an der Botschaft und dem, der sie überbringt; die Unfähigkeit, sich zu freuen, wenn einer Buße tut, und fehlende Freude bei der Anbetung. Treffen einige dieser Punkte auf Sie zu? Wenn ja, erklären Sie es näher.

4. »(...) Jesus [fühlte] sich immer zu den Menschen hingezogen, deren Sünde sehr gravierend schien (aus menschlicher Sicht), die aber bußfertig waren. Andererseits wurde er abgestoßen von Menschen, die sich als vollkommene Heilige ausgaben, deren Herz jedoch stolz und nicht zerbrochen war« (S. 61). Warum hat sich Jesus Ihrer Meinung nach so verhalten? Warum betrachten wir Menschen oft ganz anders?

5. Es liegt in der Natur des Stolzes, dass wir nicht einmal bemerken, wenn wir stolz sind. Was könnte uns dabei helfen, eindeutig festzustellen, wo wir in unserem Leben stolz sind?

6. »Für viele von uns stellt das leise Vordringen von Stolz eine größere

Gefahr dar als jede andere Art von Schwäche und lässt uns für Gott und andere Menschen nutzlos werden« (S. 61). In welchen Bereichen Ihres Lebens können Sie dieses subtile Vordringen von Stolz feststellen?

(Tipp: Wahrscheinlich handelt es sich um die Bereiche, bei denen Sie sich im Falle von Kritik am heftigsten zur Wehr setzen würden.)

Dranbleiben

Wir haben uns in diesem Kapitel mit drei Berichten des Lukasevangeliums näher befasst. Gehen Sie bis zum nächsten Treffen das Lukasevangelium durch, und suchen Sie nach weiteren Berichten über Begegnungen zwischen Jesus und den Pharisäern. (Sie sind – beginnend mit Kapitel 5 – in fast jedem Kapitel zu finden.) Tragen Sie in einer Liste ein, wie oft Ihnen Stolz in diesen Berichten begegnet und welche Auswirkungen er hat.

Impuls

Es kann schnell entmutigend sein, wenn Gott in unserem Leben Stolz (oder andere Sünden) aufdeckt. (Übrigens kann dieses Gefühl der Entmutigung bereits ein Beweis von Ichbezogenheit und Stolz sein – wir hatten uns höher eingeschätzt, wir verzweifeln an unserer Unfähigkeit, uns zu verändern etc.)

Unser Versagen und unsere Not sollten uns immer dazu veranlassen, uns Christus zuzuwenden. Durch seinen Tod am Kreuz hat Gott auf einzigartige und vollkommene Weise Vorsorge für unsere

Sünde getroffen. Seien Sie versichert, dass Gott uns nichts offenbart, was er nicht durch seine Gnade verändern möchte. Wir sollten uns in solchen Momenten daran erinnern, dass unser Vater uns durch derartige Offenbarungen liebevoll in das Bild seines Sohnes verwandelt.

Kapitel 4

Bin ich ein stolzer oder zerbrochener Mensch?

Einstieg

Zu Beginn dieses Kapitels hörten wir von Christen einer Region in Afrika, deren erste Frage über einen Christen immer lautet: »Ist er innerlich zerbrochen?« Diese Frage wird den meisten Christen in unserer Kultur wahrscheinlich seltsam vorkommen! Welche Fragen würden wir eher stellen?

Rückblick

Welche Charakteristika von Stolz haben Sie im Lukasevangelium gefunden, während Sie sich näher mit den Begegnungen zwischen Jesus und den Pharisäern beschäftigt haben? Inwiefern hilft uns das zu verstehen, warum Jesus und die Pharisäer immer verschiedener Meinung waren? Hat Gott Ihnen gezeigt, wo Stolz in Ihrem Leben herrscht?

Vertiefung

1. Aufgrund welcher Eigenschaften würden Sie einen Christen als »innerlich zerbrochen« bezeichnen?

2. Gehen Sie gemeinsam die acht Kategorien der Charakteristika-Liste »stolz versus innerlich zerbrochen« durch (ab S. 65). Wählen Sie einige Charakteristika stolzer Menschen aus, die Ihnen besonders nahegegangen sind, und tauschen Sie sich darüber aus. Oder betrachten Sie einige Charakteristika von Demut näher, an denen Sie in Ihrem Leben weiterarbeiten sollten. (Wenn es Ihnen schwerfällt, vor den anderen in Ihrer Gruppe ehrlich und »echt« zu sein, dann denken Sie daran, dass dies eine Gelegenheit ist, sich zu demütigen – die Mauern um sich herum einzureißen – und mehr von Gottes Gnade in Ihrem Leben zu empfangen!)

    a. Einstellung gegenüber anderen Menschen
    b. Einstellung gegenüber Rechten
    c. Einstellung zu Dienst und Aufgaben im geistlichen Bereich
    d. Einstellung in Bezug auf Anerkennung
    e. Einstellung zu sich selbst
    f. Einstellung zu Beziehungen
    g. Einstellung zur Sünde
    h. Einstellung zu Ihrem Wandel mit Gott

3. Wie würden Ihrer Meinung nach Ihre Freunde, Familienmitglieder oder Kollegen antworten, wenn jemand Ihnen Unbekanntes diese fragen sollte, ob Sie ein innerlich zerbrochener Christ seien?

4. Schließen Sie mit Gebet ab. Bekennen Sie jede Art von Stolz, die Sie bei sich erkennen oder mit der Sie in Ihrem Herzen zu kämpfen haben. Bitten Sie Gott, dass er seine Gnade auch im Leben der anderen Teilnehmer aus Ihrer Gruppe ausgießt, wenn sie sich vor ihm demütigen.

Dranbleiben

Nehmen Sie sich Zeit, um über der oben aufgeführten Liste zu beten (selbst wenn Sie das bereits getan haben!). Fragen Sie Gott, mit welchem Punkt er beginnen und Ihnen Gnade zur Veränderung schenken möchte. Bitten Sie ihn, Ihnen zu zeigen, in welchem bestimmten Bereich Ihres Lebens Sie sein Wort zur Anwendung bringen sollen. Tauschen Sie sich mit jemandem aus Ihrer Gruppe oder einer anderen Gebetspartnerin darüber aus, was Gott Ihnen gezeigt hat. Bitten Sie in diesem Bereich um Fürbitte.

Impuls

»Bitte verzweifeln Sie nicht, wenn Sie auf Grund dieser Liste erkannt haben, dass Sie eher eine stolze als innerlich zerbrochene Person sind. Gott war gnädig und hat Ihnen gezeigt, dass eine Veränderung Ihrer Herzenshaltung nötig ist« (S. 72). Danken Sie Gott, dass er Sie so sehr liebt, dass er Sie verändern möchte! Und danken Sie ihm, dass er unsere Bedürftigkeit nicht nur bloßlegt, sondern uns jede erdenkliche Gnade bereitstellt, uns zu verändern und zu befähigen, ein Christus ähnliches Leben in Demut zu führen. Deshalb *»demütigt euch vor dem Herrn, und er wird euch erhöhen«* (Jak 4,10).

Kapitel 5

Der Segen des Zerbruchs

Einstieg

Musste sich irgendjemand aus Ihrer Gruppe schon einmal einen Knochen brechen lassen, damit er wieder ordentlich gerichtet werden konnte? Oder kennen Sie jemanden, der so etwas hinter sich hat? Was haben Sie dabei empfunden? Hat der Schmerz sich »gelohnt«?

Rückblick

Wie haben Sie seit dem letzten Treffen Gottes Gnade in einem Bereich Ihres Lebens erlebt, den Sie mit Gottes Hilfe verändern möchten?

Vertiefung

1. Die Vorstellung, dass »innerer Zerbruch Segen schenkt«, läuft unserem natürlichen Denken zuwider. Was will der Feind uns glauben machen, was passiert, wenn wir uns demütigen?
2. Betrachten Sie noch einmal gemeinsam die in diesem Kapitel aufgeführten fünf Segnungen inneren Zerbruchs. Wählen Sie eine

dieser Segnungen aus, die Sie sich für Ihr persönliches Leben besonders wünschen oder besonders brauchen. Tauschen Sie sich mit den anderen Gruppenteilnehmern darüber aus.

3. Wie wird durch die folgenden vier Punkte das Prinzip, der Prozess oder die Segnungen von innerem Zerbruch veranschaulicht?
   a. Ein Weizenkorn wird in die Erde gesät.
   b. Eine Raupe verwandelt sich.
   c. Aus einer Traube wird Saft gepresst.
   d. Der Herr Jesus starb am Kreuz.

4. Wie wird durch das Zeugnis von Melanie Adams folgender Kreislauf illustriert (s. S. 76f)?

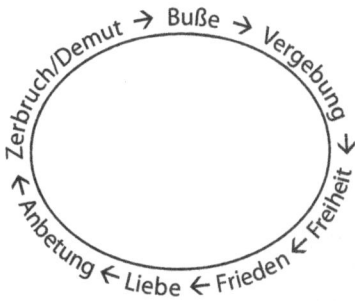

Schildern Sie, wie Sie einen Aspekt dieses Kreislaufs in Ihrem Leben erfahren haben.

5. Kennen Sie einen Menschen (oder haben von jemandem gehört), der infolge von innerem Zerbruch zu einem brauchbaren Diener des Herrn geworden ist, der Frucht bringt?

6. Welche Verbindung besteht zwischen innerem Zerbruch und persönlicher Erweckung oder Erweckung innerhalb einer Gemeinschaft? Inwiefern stellt Stolz ein Hindernis für echte Erweckung dar?

7. »Das größte Hindernis für Erweckung ist nicht die mangelnde Bereit-

schaft der anderen, sich zu demütigen - es ist unsere mangelnde Erkenntnis, dass wir uns demütigen und uns dringend eingestehen müssen, dass wir auf seine Gnade angewiesen sind« (S. 93).

Versuchen Sie herauszufinden, wo Ihr Stolz vielleicht Erweckung verhindert hat. Vertrauen Sie den anderen Gruppenmitgliedern an, wo Sie Bereiche in Ihrem Leben sehen, in denen Sie sich vor Gott oder anderen Menschen demütigen müssen. Gott wird unverzüglich handeln.

Dranbleiben

»Erwarten Sie, dass Ihr Ehemann, Ihre Kinder oder Ihre Gemeindeleiter sich demütigen, damit bei Ihnen zu Hause oder in Ihrer Gemeinde Erweckung stattfinden kann? Vielleicht wartet Gott darauf, dass Sie sich demütigen ...« (S. 93)

Gibt es eine Situation oder eine Beziehung in Ihrem Leben, in der Sie selbst die Initiative ergreifen und sich demütigen müssen, anstatt darauf zu warten, dass die andere Person sich ändert oder etwas unternimmt? Wären Sie bereit, dem Beispiel von Melanie Adams zu folgen und den ersten Schritt zu gehen?

Impuls

Es ist wert, sich noch einmal ins Gedächtnis zu rufen, dass *innerer Zerbruch Segen bringt* (Mt 5,3)! Manchmal wird es uns beschämend, schwierig oder unangenehm vorkommen, uns zu demütigen. Es lohnt sich jedoch immer, Gott zu gehorchen und den Weg des inneren Zerbruchs zu wählen.

Kapitel 6

Reise in den Zerbruch

Nachwort: Ein persönliches Zeugnis

Einstieg

Inwiefern hat Ihnen dieses Buch weitergeholfen? Wo fanden Sie es schwer nachzuvollziehen, wo herausfordernd?

Rückblick

Nennen Sie eine »Segnung inneren Zerbruchs«, die Sie seit der Beschäftigung mit diesem Thema erleben durften.

Vertiefung

1. Sprüche 29,1 mahnt, dass derjenige plötzlich und ohne Vorwarnung zerschmettert werden wird, der sich Gottes Zurechtweisung widersetzt und halsstarrig bleibt. Ist Ihnen eine Person bekannt, die möglicherweise ein Beispiel für diesen Vers ist? (Nennen Sie diese Person weder mit Namen noch unnötige Details.)
2. Wie hat Gott sein Wort, äußere Umstände oder andere gläubige Menschen benutzt, um Sie in Ihrem Leben zu tieferem inneren Zerbruch zu führen?

3. Wenn wir Gott sehen, wie er ist, können wir uns selbst sehen, wie wir wirklich sind und zu tieferer Reue und Demut finden. Nennen Sie einige Möglichkeiten, mit Hilfe derer wir eine neue Sicht von Gottes beeindruckender Heiligkeit, Macht, Majestät und Liebe gewinnen können.

4. Wie im Nachwort beschrieben, folgen manchmal unmittelbar auf unsere größten Siege unsere größten Niederlagen und Misserfolge. Warum? Haben Sie bereits Ähnliches in Ihrem Leben erlebt?

5. Wir haben gesehen, dass innerer Zerbruch kein einmaliges Krisenerlebnis ist, sondern eine Lebensweise. Wie könnte ein »Lebensstil des inneren Zerbruchs« praktisch aussehen? Welches sind die größten Hindernisse für diese Art von Lebensstil?

6. Sie haben in diesem Buch zahlreiche Beispiele von Menschen gelesen, die sich entschlossen haben, »im Licht mit Gott zu wandeln«, aber auch von bestimmten Sünden oder Problemen in deren Leben.

Gibt es in Ihrem Leben einen dunklen Bereich, der ans Licht gebracht werden muss? Gibt es etwas, von dem Sie wissen, dass Gott es von Ihnen möchte, Sie jedoch bisher Widerstand geleistet haben? Oder hat der Herr Ihnen, während Sie dieses Kapitel gelesen haben, einen bestimmten Schritt in Richtung innerer Zerbruch aufs Herz gelegt?

Es ist immer leichter, einen Schritt des inneren Zerbruchs innerhalb einer Gruppe von Freunden zu gehen, die Sie mögen und sich bewusst sind, dass auch sie sich demütigen müssen. Nehmen Sie sich Zeit, offen und ehrlich in Ihrer Gruppe über diese Dinge zu sprechen, und beten Sie für jeden gesondert, der sich in der Gruppe mitteilt. Gott wird unmittelbar handeln.

Impuls

Obwohl für Sie nun die intensive Beschäftigung mit dem Thema *Zerbruch – neu belebt von Gott* abgeschlossen ist, mag es für Sie vielleicht der Anfangspunkt für ein neues Leben in Demut sein. In den vor Ihnen liegenden Tagen Ihres Lebens werden Sie oftmals Gelegenheit haben, den Weg des Zerbruchs zu wählen. Jede dieser Gelegenheiten wird von unserem souveränen Herrn vorbereitet sein. Er verspricht, dass seine Gnade immer ausreicht für alles, was er von uns verlangt. Vergessen Sie niemals, dass Gott Sie befähigen wird, das zu tun, was er von ihnen möchte.

Während Sie gemeinsam mit anderen Gläubigen »im Licht wandeln«, denken Sie stets daran, dass sein Licht nicht nur unsere hässliche Sünde und unseren hässlichen Stolz aufdeckt, sondern genauso die Person und das Kreuz Jesu erleuchtet. Da sein Kreuz Auswirkungen auf unser Leben hat, werden wir die frohmachende Frucht des inneren Zerbruchs und wahre Erweckung erleben.

Abschließendes Gebet

Lesen Sie abschließend noch einmal laut das alte puritanische Gebet, das sich am Anfang des Buches befindet.

Anmerkungen

Kapitel 1

1. Seit 1971 haben Teams von *Life Action Ministries* mehr als 1000 Erweckungsseminare in verschiedenen Ortsgemeinden durchgeführt.

Kapitel 2

1. Roy Hession, *The Calvary Road* (Fort Washington, Pa.: Christian Literature Crusade, 1990), S. 21.
2. Norman Grubb, *Continous Revival* (Fort Washington, Pa.: Christian Literature Crusade, 1997), S. 15.

Kapitel 4

1. Edwin und Lillian Harvey, comps., *Royal Insignia* (Yanceyville, N.C.: Harvey & Tait, 1992), S. 87.

Kapitel 5

1. Jennifer Kennedy Dean, *He Restores My Soul: a Forty-Day Journey Toward Personal Renewal* (Nashville: Broadman & Homan, 1999), S. 27.

2. Charles H. Spurgeon, *Cheque Book of the Bank of Faith: Daily Readings* (Scotland, Great Britain: Christian Focus Publications, 1996), S. 210.
3. Ein Bericht über diese Erweckung finden Sie in: C. L. Culpepper, *Spiritual Awakening: The Shantung Revival* (Atlanta: Home Mission Board, SBC, 1982).

Kapitel 6

1. Roy Hession, *The Calvary Road* (Fort Washington, Pa.: Christian Literature Crusade, 1990), S. 23, 25.
2. Jennifer Kennedy Dean, *He Restores My Soul: A Forty-Day Journey Toward Personal Renewal* (Nashville: Broadman & Homan, 1999), S. 33.
3. »Fels meines Heils« von Augustus M. Toplady

Nachwort

1. John Bunyan, *Acceptable Sacrifice; or the Excellency of a Broken Heart,* Vol. 1 (Edinburgh: Banner of Truth Trust, 1999). S. 712.

Buchempfehlung

Nancy Leigh DeMoss
Hingabe
Regiert von Gott

Pb., 160 S., 13,5 x 20,5 cm
Best.-Nr. 271162
ISBN 978-3-86353-162-1

Wenn man ein siegreiches geistliches Leben führen will, geht es weniger darum, wie engagiert man die Schlacht kämpft, sondern wie sehr man sich Gott hingegeben hat. Mit einer Mischung aus Bibelarbeit und persönlichen Erfahrungen zeigt die Autorin, dass Gott nur dann den Sieg geben kann, wenn man ihm sein Herz, seine Seele, seinen Körper, seine Ziele - einfach alles - übergibt. Mit Fragen zum Gruppenstudium.

Leseprobe

Am 10. März 1974, fast dreißig Jahre nach Ende des Zweiten Weltkriegs, übergab Leutnant Hiroo Onoda schließlich sein rostiges Schwert. Er war der letzte japanische Soldat, der kapitulierte.

Onada war 1944 auf die tropische Philippinen-Insel Lubang gesandt worden, um einen Guerillakrieg zu führen und die Insel vor feindlichen Angriffen zu schützen. Als der Krieg zu Ende war, weigerte Onada sich, den Meldungen von der Kapitulation Japans zu glauben.

29 Jahre lang – alle seine Kameraden hatten sich bereits ergeben oder waren getötet worden – verteidigte Onoda weiter das Insel-gebiet für die bereits besiegte japanische Armee. Er versteckte sich im Dschungel, ernährte sich aus der Natur, stahl Essen und Vorräte der dortigen Einwohner, entkam einer Suchmannschaft nach der anderen und tötete dabei 30 Inselbewohner. Man gab Hundert-tausende von Dollars aus, um den einsamen Widerständler ausfindig zu machen und zu überzeugen, dass der Krieg beendet war.

Flugblätter, Zeitungen, Fotos und Briefe von Freunden wurden über dem Dschungel abgeworfen; über Lautsprecher wurde Onoda zur Kapitulation aufgefordert. Er weigerte sich weiterhin, den Kampf aufzugeben. An die 13.000 Mann waren eingesetzt worden, bis Onoda schließlich einen persönlichen Befehl seines ehemaligen Kommandan-ten erhielt. Er ließ sich endlich überzeugen, den sinnlosen, einsamen Kampf aufzugeben, den er über so viele Jahre hinweg geführt hatte.[2]

In seiner Autobiographie *No Surrender: My Thirty-Year War* beschreibt Onoda den Moment, in dem er zu realisieren begann, was passiert war:

»Ich fühlte mich wie ein Narr. Was hatte ich in all den Jahren getan? ... Zum ersten Mal begann ich wirklich zu verstehen... Das Ende war gekommen. Ich zog den Bolzen meines Gewehrs zurück und entlud es... Ich zog den Rucksack aus, den ich immer bei mir hatte, und legte das Gewehr darauf.«[3]

Der Krieg war endlich zu Ende.

Unser persönlicher Krieg

Aus heutiger Sicht unterlag Hiroo Onoda bestenfalls einem bedauerlichen Missverständnis, schlimmstenfalls könnte man sein Verhalten als absurd und närrisch bezeichnen. Er hatte die besten Jahre seines Lebens vergeudet und einen Kampf gekämpft, dessen Ausgang bereits besiegelt war.

In gewisser Hinsicht ist seine Geschichte aber kein Einzelfall. Es ist auch unsere Geschichte. Wir alle beginnen unser Leben als Mitglieder einer rebellischen Rasse und kämpfen unseren persönlichen Kampf gegen den souveränen König des Universums. Meistens mündet dieser Widerstand in eine lebenslange Geschichte, die den Titel *Keine Kapitulation* tragen könnte.

Einige von uns bringen ihren Widerstand offen zum Ausdruck, vielleicht durch einen Lebensstil ungezügelt ausgelebter Lust und Perversion. Andere von uns gehen auf subtilere Weise vor – sie sind rechtschaffene Bürger und bekleiden leitende Positionen in der Gesellschaft; vielleicht arbeiten sie sogar aktiv in einer Gemeinde mit. Unter der Oberfläche ist aber jeder Mensch von Geburt an entschlossen, sein eigenes Leben zu leben, und er ist nicht gewillt, Christus über sich herrschen zu lassen, den König der Könige.

Die Entscheidung, den Kampf aufzugeben, ist keine leichte Angelegenheit, besonders nach vielen Jahren des Widerstands. Onoda hatte sich an ein Leben als einsamer Guerilla-Kämpfer gewöhnt, der von einem zum anderen Versteck im Dschungel zog und alle Versuche, ihn zu überwältigen, fehlschlagen ließ. Er war inzwischen 52 Jahre alt und kannte kaum eine andere Art des Lebens. Widerstand leisten, davonlaufen und sich verstecken waren für ihn normal geworden – es war der Lebensstil, mit dem er vertraut war und der ihm mittlerweile am angenehmsten erschien. Für Onoda hätte die Kapitulation eine radikale Veränderung seines Lebens bedeutet.

Sein Leben Christus als Retter und Herrn zu übergeben, heißt, seine Lebensausrichtung zu verändern. Ob wir die Friedensflagge im Alter von acht oder 88 Jahren hissen, spielt dabei keine Rolle. Wenn wir vor Christus kapitulieren, sind wir ab sofort ihm gegenüber verpflichtet, und wir nehmen eine grundlegend neue Haltung zu unserem Leben ein – in jeder Hinsicht und jedem Bereich. Das schließt jeden Teil unseres Lebens mit ein.

Ich nehme an, dass die meisten Leser von Ihnen diesen Startpunkt der Kapitulation, den die Bibel als Wiedergeburt bezeichnet, bereits hinter sich haben: Sie haben Jesu Opfer für Ihre Sünden im Glauben angenommen, ihm die Herrschaft über Ihr Leben anvertraut und sind in das Reich Gottes eingetreten. Ich hoffe, dass Sie während der Lektüre dieses Buches immer mehr verstehen werden, welche Bedeutung diese Hingabe im alltäglichen Leben hat.

Ich habe aber auch keinen Zweifel daran, dass manche von Ihnen, die diese Zeilen lesen, noch nie an diesem Punkt angekommen sind: Vielleicht haben Sie ein Glaubensbekenntnis abgelegt; vielleicht erachten Sie sich seit langem als Christ und andere nehmen an, Sie seien Christ, obwohl Sie noch nie wirklich in die Familie Gottes hineingeboren wurden. Sie haben noch nie die weiße Flagge der

Kapitulation Jesus gegenüber gehisst; Sie haben noch nie das Recht abgetreten, Ihr eigenes Leben zu leben.

Gestehen Sie sich bitte ein, dass es töricht und sinnlos ist, weiteren Widerstand zu leisten. Glauben Sie der Guten Nachricht, dass *Jesus der Herr ist,* und gehorchen Sie ihr. *Der Krieg ist vorbei ...* es ist an der Zeit, Ihr Schwert dem König der Könige zu übergeben.

Lebenslange Hingabe

Vielleicht denken Sie: *Ich habe mein Leben vor Jahren Jesus übergeben; reden wir von etwas anderem.*

Für viele ist die Tatsache neu, dass die anfängliche Übergabe ihres Lebens an Christus (die wir auch als den Zeitpunkt der Errettung bezeichnen) nicht das Ende, sondern der Anfang der Geschichte ist. Sie beginnt in Wirklichkeit erst an diesem Punkt.

Dieser Moment der Übergabe ist der Grundstein für ein Leben in Hingabe. Wenn wir unser Leben Christus als Retter und Herrn übergeben haben, müssen wir dieses Leben in Hingabe einüben – das heißt, immer wieder ein *Nein* zu uns selbst und ein *Ja* zu Gott zu finden.

Viele Christen erleben ständig Entmutigung und Niederlagen, weil sie nie die Bedeutung ihrer anfänglichen Hingabe an Christus verstanden haben (und aus diesem Grund nicht hingegeben leben). Nachdem sie die Kontrolle über ihr Leben Christus gegeben haben, sind sie rückfällig geworden und versuchen wieder, ihr Leben selbst in den Griff zu bekommen. Folglich leben sie nicht in Übereinstimmung mit dem Willen des Herrn, der sie geschaffen und erlöst hat und dem sie gehören.

Es kann sogar sein, dass Ihr Leben zum jetzigen Zeitpunkt unter der Überschrift »Ohne Hingabe« zusammengefasst werden kann.

Damit muss nicht notwendigerweise Ihr gesamtes Leben gemeint sein – wahrscheinlich können Sie auf bestimmte Lebensbereiche verweisen, wo Sie Gott gehorchen. Kann es aber sein, dass Sie sich in einigen Bereichen Ihres Lebens das Recht vorbehalten, es selbst zu kontrollieren?

Gründe für fehlende Hingabe

An gewissen Stationen ihrer Lebensreise entziehen sich manche Christen in bestimmten Bereichen der Kontrolle Gottes. Die Gründe hierfür sind vielfältig.

Manche haben sich möglicherweise noch nie bestimmte Konsequenzen bewusst gemacht, die wahre Hingabe nach sich zieht, obwohl sie ein ehrliches Leben mit Gott führen – *mein Geld soll Gott gehören? Meine Kinder? Mein Körper? Meine Zeit? Darüber habe ich noch nie nachgedacht!* Ich bete, dass Gott Ihnen beim weiteren Lesen dieses Buches die Augen dafür öffnet, wie Hingabe ganz praktisch aussieht in Bereichen, die Sie nie zuvor berücksichtigt haben.

In einigen Fällen wissen Gläubige zwar, was es heißt, unter Gottes Kontrolle oder Herrschaft zu leben. Sie haben aber Angst, jeden Bereich ihres Lebens Gott uneingeschränkt zu übergeben – *Was wird aus meiner Familie, wenn ich sie dem Herrn anvertraue? Werden meine Bedürfnisse befriedigt, wenn ich dem Herrn meine Finanzen anvertraue?* Wenn Sie mit Ängsten hinsichtlich Gottes Willen zu kämpfen haben, möchte ich Sie ermutigen, seine Verheißungen für sich in Anspruch zu nehmen. Ich möchte, dass Sie verstehen, dass er Ihr ganzes Vertrauen verdient.

Andere wiederum behaupten, ihr Leben Gott übergeben zu haben und glauben vielleicht sogar, errettet zu sein. Sie rechtfertigen (vielleicht unbewusst) und begründen verstandesgemäß gewisse Angewohnheiten, Wertvorstellungen, Überzeugungen oder Verhaltensweisen, die im Gegensatz zu Gottes Wort stehen. *Was für Filme ich im Fernsehen sehe? Ich glaube, so schlimm ist das auch wieder nicht. Okay, ich gebe zu, ständig Probleme damit zu haben, vernünftig zu essen und nicht jähzornig zu werden. Aber ich bin auch nur ein Mensch. Jeder von uns wird erst im Himmel perfekt sein.*

Bis zu einem gewissen Grad betrügen wir uns alle manchmal selbst. Wir werden so leicht nachlässig gegenüber Gottes Maßstäben oder meinen, im Vergleich zu weltlichen Maßstäben ein rechtschaffenes Leben zu führen.

Während ich dieses Buch schrieb, musste ich auch in meinem Leben einiges neu überdenken und Gott ausliefern, was ich bisher übersehen, toleriert oder entschuldigt hatte.

Vielleicht behaupten Sie, ein Nachfolger Christi zu sein, und sind davon überzeugt, in allen Bereichen Ihres Lebens ihm zur Ehre zu leben? Ich möchte Ihnen helfen, der Wahrheit ins Auge zu sehen – Sie leben kein Leben völliger Hingabe, auch wenn die Menschen um sie herum sie als »guten Christen« bezeichnen. (Ein Wort der Ermahnung: Wenn Sie sich über einen gewissen Zeitraum hinweg etwas vormachen und nicht bereit sind, vor sich und Gott ehrlich zu sein, dann sollten Sie prüfen, ob Ihr Glaubens*bekenntnis* mit dem *wahren* Glauben zu vereinen ist.)

Schließlich gibt es bekennende Christen, die sich in gewissen Bereichen ihres Lebens eigenwillig Gottes Kontrolle entziehen ...

Buchempfehlung

Nancy Leigh DeMoss
Heiligung
Gereinigt von Gott

Pb., 176 S., 13,5 x 20,5 cm
Best.-Nr. 271163
ISBN 978-3-86353-163-8

Die erfüllende Erfahrung Gottes wird erst kommen, wenn Ihr Leben heilig und Ihr Herz rein ist.

Wenn Sie sich nach einer tieferen Gemeinschaft mit Gott sehnen, müssen Sie auf seinen Ruf nach Heiligkeit antworten. Nancy Leigh DeMoss zeigt Ihnen praktische Prinzipien für ein Leben, das für Gott abgesondert ist – und ein Herz, das für ihn brennt.

Leseprobe

Vor etwa einem Jahr klingelte bei mir schon am frühen Morgen das Telefon. Mit einem solchen Anruf hatte ich nicht gerechnet. Ein untröstlicher Pastor bat mich, für eine gemeinsame Bekannte zu beten und ihr eventuell auch beizustehen. Ihr Mann wollte ihr gestehen, dass er seit einem halben Jahr mit einer jungen Frau aus ihrer Gemeinde Ehebruch begangen habe. Ich konnte es kaum fassen. Dieses Ehepaar gehörte schon seit vielen Jahren zu meinen besten Freunden. Allem Anschein nach hatten beide eine tiefe, aufrichtige Liebe zu unserem Herrn Jesus Christus und ein ungewöhnlich stabiles Ehe- und Familienleben. Jetzt hatte der Ehemann auf schamlose Weise den Ehebund gebrochen, den er vor Gott mit seiner Frau geschlossen hatte. Dabei war sein Herz hart und kalt geworden. Dieser Mann, der früher wegen seiner Sünden geweint hatte, vergoss keine Tränen mehr und zeigte keine Reue.

Es war wohl kein Zufall, dass dieser Anruf kam, als ich mit der Arbeit an diesem Buch beginnen wollte. Es war auch kein Zufall, dass ich drei Wochen vorher gehört hatte, wie die »private« Sünde anderer Christen plötzlich ans Licht der Öffentlichkeit geraten war und diese Entwicklung in der Gemeinde Jesu zu starken Erschütterungen führte. Solche und viele weitere Geschichten aus dem »richtigen« Leben, die ich während der Arbeit an diesem Buch gehört und miterlebt habe, könnten meine Leidenschaft für die Botschaft von der Heiligung nur noch verstärken. Die Last auf meinem Herzen wird schwerer, wenn ich Briefe und E-Mails lese von Christen, die beunruhigt sind über das, was in ihren Gemeinden geschieht. Die folgende Zusammenfassung eines solchen Schreibens drückt die tiefe Besorgnis dieser kleinen Gruppe von Gläubigen aus.

»Die Leiter unserer Gemeinde scheinen unser brennendes Verlangen nach Reinheit nicht zu teilen. Sie haben offenbar kein Empfinden für Recht oder Unrecht, wenn es um Themen wie Kino, Fernsehen, anständige Kleidung oder Alkoholkonsum geht. Sie meinen wohl, dass unser Zeugnis für verlorene Menschen am wirkungsvollsten ist, wenn wir uns ihnen angleichen.

Selbst für meinen geistlichen Begleiter in der Gemeinde ist es kein Problem, sich Filme anzusehen, die nicht jugendfrei sind, oder Fernsehsendungen, in denen Unzucht, Ehebruch und unverfrorene Sünde gutgeheißen werden. Unser Jugendpastor meint, es sei in Ordnung, wenn er solche Filme sehe, denn auf diese Weise erfahre er, welchen Einflüssen die Jugend von heute ausgesetzt sei.

Wir wollen in unserer Gemeinde keine Spaltung herbeiführen, und wir wollen auf andere Menschen auch nicht so wirken, als seien wir selbstgerecht oder ›gesetzlich‹. Aber je tiefer unser Verständnis über Reinheit und Gottesfurcht wird, desto mehr erkennen wir, wie die christliche Lebensführung um uns herum verwässert wird. Wir wissen aber nicht so recht, wie wir uns verhalten sollen. Meine Frau und ich haben schon zu viel Zeit damit verschwendet, in der Gemeinde gute Miene zum bösen Spiel zu machen. Wir wollen nicht, dass unsere Kinder meinen, Gott sei ein Gott des Kompromisses. *Oder liegen wir mit unserer Sichtweise vielleicht doch völlig falsch?*«

Haben diese Menschen mit ihrer Auffassung nun Recht oder nicht? Oder sind sie bloß borniert und engstirnig? Spielen solche Probleme überhaupt noch eine Rolle? Oder sind es Gewissensfragen, die jeder Einzelne mit sich ausmachen soll? Sind solche Dinge etwa einem kulturellen Wandel unterworfen? Mit solchen Fragen habe ich mich auseinandergesetzt, und ich habe versucht, sie im Licht der Bibel zu betrachten. Während ich dieses Buch geschrieben habe, hat mich noch etwas anderes intensiv beschäftigt, und zwar mein eigenes Herz. Schon am Anfang des Entstehungsprozesses begann ich, dieses Gebet zu sprechen:

»O Gott, zeige mir mehr von deiner Heiligkeit. Zeige mir mehr von meiner Sündhaftigkeit. Hilf mir, die Sünde zu hassen und die Gerechtigkeit zu lieben, so wie du es tust.

Schenke mir eine tiefere Sündenerkenntnis und eine stärkere Bereitschaft zu einer aufrichtigen Umkehr. Und mache mich heilig, wie du heilig bist. Amen«

Die Arbeit an diesem Buch hat auch Auswirkungen auf mein Leben gehabt, weil der Geist Gottes an meinem Herzen gewirkt hat. Als ich bekümmert war über die subtilen (und auch weniger subtilen) Auswirkungen der Sünde unter bekennenden Christen und über das Ausmaß, in dem die Gemeinde Jesu die Wertmaßstäbe dieser Welt übernommen hat, wurde mir bewusst, dass mich das Versagen anderer Menschen oft mehr stört als meine eigenen Fehler. In der Regel bin ich bei mir selbst toleranter als bei meinen Mitmenschen.

Als ich darum gerungen habe, wie ich die Botschaft von der Heiligung meinen Leserinnen und Lesern vermitteln soll, hat Gott in seiner Sanftmut und Güte in meinem Herzen alles Unheilige aufgedeckt. Zum Beispiel fehlt es mir oft an Selbstbeherrschung, wenn es um den Gebrauch meiner Zunge geht, um die Art, wie ich auf andere Menschen reagiere, oder um mein Ess- und Kaufverhalten. Ich musste mir eingestehen, dass ich mich selbst mehr liebe als meine Mitmenschen und es mir oft wichtiger ist, bei anderen einen guten Eindruck zu hinterlassen als Gott zu gefallen. Außerdem habe ich in meinem Herzen Götzen entdeckt, Dinge, die ich an die Stelle Gottes gesetzt habe.

Als ich über das nachgedacht habe, was ich im Laufe der Monate bei anderen Menschen gehört und gesehen und was ich an mir selbst festgestellt habe, ist mir eines wichtig geworden: Heiligkeit und Sünde haben in unserem Leben eine größere Bedeutung, als wir es uns vorstellen. Für Gott ist beides wichtig. Je mehr wir das wahre Wesen von Heiligkeit und Sünde erfassen, desto besser werden wir verstehen, warum das so ist. Die Botschaft von der Umkehr zu Gott und der Heiligung muss unter Kindern Gottes verkündigt, gehört und beachtet werden, und zwar in jeder Generation. Sie sollte für uns mehr sein als eine theologische Grundwahrheit, die wir höflich nickend über uns ergehen lassen. Stattdessen sollte sie in unserer Denk- und Lebensweise eine radikale Umwandlung bewirken.

Dieses Buch soll keine theologische Abhandlung über die Heiligkeit Gottes und über Heiligung sein[2], sondern ein ernsthafter, von Herzen kommender Appell an Kinder Gottes, nach Heiligung zu streben, weil Gott selbst die Seinen als *Heilige* bezeichnet.

Bitte glauben Sie mir, wenn ich Ihnen sage, dass ich mich heute sogar noch weniger geeignet fühle, ein Buch über Heiligung zu schreiben als zu Beginn meiner Arbeit vor einem Jahr. Aber vielleicht bin ich als Sünderin, die dringend die Barmherzigkeit Gottes braucht, heute eher in der Lage, mich mit diesem Thema zu befassen. Im Laufe jenes Jahres ist mein Herz weicher und mein Gewissen empfindsamer geworden. Ich habe eine klarere Sicht über Golgatha und die unvorstellbare heiligende Gnade Gottes bekommen. Deshalb gelten diese Worte der Liederdichterin auch mir:

Mit einem reuevollen Herzen und mit Tränen in den Augen bekenne ich zwei Wunder: das Wunder der erlösenden Liebe und das Wunder meiner Unwürdigkeit.[3]

Ich möchte Sie einladen, mich auf dem radikalen Weg der Heiligung zu begleiten. Sie können schon jetzt damit beginnen. Bevor Sie weiterlesen, schlagen Sie bitte noch einmal mein Gebet auf, und machen Sie es zu Ihrem eigenen. Sprechen Sie jeweils nur einen Satz nach, und bringen Sie damit vor dem Herrn Ihren Wunsch nach einem reinen Herzen zum Ausdruck. Dann möchte ich Sie ermutigen, dieses Gebet in den nächsten dreißig Tagen mindestens einmal täglich zu sprechen. Wenn Sie Ihre Bitten von ganzem Herzen vor den Herrn bringen, wird er Sie hören und *erhören!*

Wahre Heiligung ist der beste Weg zu einem erfüllten Leben und zu bleibender Freude. Für einen geheiligten Menschen ist Jesus Christus die einzige Quelle der Zufriedenheit. Ein Leben in Heiligung spiegelt in dieser dunklen Welt die Schönheit und den Glanz unseres heiligen Herrn wider. Wenn Sie nach Heiligung streben, erfüllen und erleben Sie alles, was Gott für Sie im Sinn hatte, als er Sie schuf.

»Er selbst aber, der Gott des Friedens, heilige euch völlig; und vollständig möge euer Geist und Seele und Leib untadelig bewahrt werden bei der Ankunft unseres Herrn Jesus Christus! Treu ist, der euch beruft; er wird es auch tun« (1Thess 5,23-24). ...